「1冊を1分」のスーパー速読法

日本速読協会 編著

祥伝社黄金文庫

図版製作　三潮社

まえがき

　この本が新書（ノン・ブック）の形で初めて世に出たのは昭和六十一（一九八六）年、今から十六年前のことです。

　当時に比べると、「速読」という言葉はずいぶん知られるようになり、身近な存在になったようです。書店の店頭でも、「速読」についての本を多く見かけるようになりました。昭和五十九（一九八四）年から日本での「スーパー速読」の普及をはじめた、いわば速読ブームの火付け役である私たち日本速読協会も、大変嬉《うれ》しく思っています。

　以前は、速読とは何か、斜め読み・飛ばし読みとはどう違うのか、といった説明から始めなくてはならなかったのですから、まさに隔世の感があります。

　もっとも、「一冊の本を一分間で読破する」「一度見ただけで内容を記憶する」という能力、そして、速読が実は日本古来の「素読《そどく》」にも匹敵する、深く読む行為であるという事実は、従来の常識とは掛け離れたものであり、実際に体験した人でなければ、なかなか認めるわけにはいかないでしょう。会員の方たちのいくつかの事実を紹介することで、その素晴らしさを知っていただきたいと思います。今回の文庫化にあたり、最近の体験談も、追加取材しております。

それらの体験談をお読みいただく際に強調しておきたいのは、スーパー速読は本が速く読めるようになる、だけではないということです。

もちろん、本を読む速さが圧倒的に速くなりますから、これまで読んだことのない本に触れる機会が大幅に増えます。そういう未知の世界との遭遇が、人生の新たなきっかけを作ってくれます。

それに加えて、記憶力や集中力が、今までとは比べ物にならないくらいアップします。理解力もアップしますから、受験生にとっては大変強力な武器になります。

視力が良くなった、不眠や肩凝《こ》りが治った、という報告もたくさん届いております。

これらのほかにも、自動車の運転や球技などのスポーツ、あるいは音楽などの芸術分野でも、著《いちじる》しい効果が出ています。

スーパー速読は、本の読み方だけでなく、人生をも変えるのです。

さらに、これも大事なことですが、誰もが持っていながら、その使い方を知らずにいる、潜在脳力を始動させることは、それほど難しい技術ではないのです。

トレーニングを始めて一ヵ月足らずで、一分間に三〜四万字読めるようになった小学四年生の女の子や、古稀《こき》を過ぎてから速読に挑戦し、人生を謳歌《おうか》している方の存在が、そのことを身をもって証明してくれています。トレーニングの時間が確保できるだろうか、という心配も無用です。忙しい仕事の傍《かたわ》ら、スーパー速読を身につけ、仕事に生かしているビジネスマンの方たちがたくさんいらっしゃいます。

すでに速読の訓練に取り組んでいる方たちにとっては、本書で上達のコツを、より具体的に体得していただけると思います。例えば、頭の中で言葉を発音しながら読む「黙読のクセ」を、見るだけで理解するにはどうしたらよいか、などについてです。

こうした難問について、日本速読協会の会員の方やインストラクターたちから、より簡単に、より短期間でマスターするための新しい知恵がたくさん寄せられています。

本書は、そうした体験者の声を集め、同時に速読修得のノウハウを紹介しています。ひとりでも多くの方が、眠っている潜在脳力を呼び覚まし、新しい世界を体験されることを願ってやみません。

平成十四（二〇〇二）年三月

日本速読協会《にほんそくどくきょうかい》

目次

(3)　優雅にキャンパス・ライフを楽しむ法

2章 スーパー速読・短期習得プログラム……83

3章 α《アルファ》波こそ、スーパー速読の秘密

●編集部注
本文1章・4章の体験談は、ノン・ブック刊行時のものをそのまま収録していますが、嶋津けい子さん・良郎さん、橘あおいさん、藤井真知子さんについては、文庫化にあたり新たに取材、収録したものです。

1章　受験に、仕事に、この威力

――スーパー速読で入試、国家試験などを次々に突破

(1) 情報化時代をスイスイ泳ごう

――小学生から実年まで、多くの方が新しい人生を切り拓《ひら》いた

「一冊を一分」のスーパー速読者が次々に出現

昭和五十九年四月に、日本速読協会が発足《ほっそく》してからすでに一八年が過ぎました。発足当時は、まだ一般にはあまり知られていなかったスーパー速読法も、今や小学生から七〇歳代の実年の方々まで、その活用範囲も多岐にわたり、速読の成果があらゆるところで実証されるようになりました。

今や「速読法」という言葉は、テレビや雑誌、新聞などでもよく見かけますし、またそれをマスターすべく、書店には、いろいろなハウツウ書も並んでいます。が、そうした〝速読ブーム〟の火つけ役となったのが、私たちの日本速読協会なのです。

現在、全国に三万人を超す会員が、このスーパー速読法に取り組み、次々と新しい体験に出会い、驚きの声をあげています。今まで誰も知ることのできなかった新しい世界を体験するわけですから、最初はみなさん自分の目を疑うほどです。しかしそれは、特別な人

に与えられた能力ではなく、小学生でも、家庭の主婦でも、ビジネスマンでも、第一線を退《しりぞ》いた実年組でも、訓練さえすれば必ず達成することのできる世界なのです。

しかし、「一冊を一分間で読む」——いきなりこんな話を聞かされれば、誰だって、まず「そんなバカな」と否定的な見方をするでしょう。しかも、精読するのと同じくらい、あるいはそれ以上に内容を理解し、記憶する読み方だということをつけ加えれば、それをにわかに信用する人がいないのも、当然といえば当然でしょう。

それは、私たちの常識では考えられないことだからです。通常、一般人の読書スピードは、一分間で二ページを読むのさえやっとのことですから、その一〇〇倍以上のスピードで読めるなんて、まるで常軌《じょうき》を逸《いっ》していると思われるでしょう。

しかし、実際に一分間に一〇万字、二〇万字と読める人がいるという事実は否定できませんし、本書でご紹介する会員の方々の体験談からも、それが不可能でないことは明らかです。一分間に六〇〇字程度だったスピードが、二〇〇〇字に、六〇〇〇字に、そして一万字にと、そのペースに個人差はあれ、必ず誰もが訓練によって速読法をマスターすることができるのです。

好奇心と素直な気持ちがあれば、誰にでもできる

速読が、年齢や既存の能力に左右されずに、誰もが持ち得る能力であるということを端的に現わしているひとつの事例をご紹介しましょう。

小学校四年生で一分間に三〜四万字を読み、その内容の理解ができる、というレベルに達している女の子がいます（詳細は52ページの体験談に記載）。しかも彼女は、速読のトレーニングを始めてからわずかにひと月足らずだというと、きっとにわかには信じがたいでしょう。しかし、これは事実なのです。

たまたま見ていたテレビの画面に映し出される速読の実演に、母親とふたりで「信じられない！」と驚嘆していたのは、ほんのひと月前のこと。それと同じ現象が、そのまま自分の身に起きている。このことは母親にとっては、いまだ信じがたいことのようですが、当の本人は実にあっさりと、自然に受け止めています。

小学校高学年用の本なら、一ページを一秒あれば理解しながら読むことができ、その内容のあらすじを書いたり、自分の意見や感想を書いて、読む楽しみを拡げています。また記憶している単語を書き出すトレーニングでは、何十語も、ときには一〇〇語以上になり、あとからあとから沸《わ》いてくる言葉に、手が追いつかないくらいです。

しかし、重ねて言うようですが、彼女は特別な遺伝子を持って生まれたわけでもなく、特別な教育を受けてきたわけでもなく、ごく一般的な両親の元で、公立小学校の教育を受けて育った女の子です。

もし、妥当な解釈を付け加えるとするならば、彼女の心の持ち方が、トレーニングの成果を高めたのかもしれません。

つまり、テレビで見た速読への驚きと興味、同じように私もやってみたいという率直な欲求、あるいは私にもできるはずだという自分への信頼、またトレーニングを進めるにしたがって体感する小さな成果を素直に喜び、楽しむ心――こうした要因が重なって、わずかひと月でこともなげに速読術を身につけたのでしょうが、このことは見方を変えれば、速読に特別な知識や能力はいらないということを意味しています。さらに言えば、素直で柔らかい頭と心があれば、年齢や能力を超えて、誰にでもできるということになるでしょう。

古稀《こき》を過ぎて挑戦した速読で、人生を謳歌《おうか》！

念のために付記しておくと、素直で柔らかい頭と心は、なにも子どもだけの特権ではありません。往々にして、人は老いて硬くなると思われがちですが、老いてなお柔軟であることはできるはずです。

速読協会の会員の中には、六〇歳代、七〇歳代、八〇歳代の方々もめずらしくありません。七〇歳で入会して二年経ち、目下、一日に一冊の本を読破している意気軒昂《けんこう》な熟年者もいます。その男性の動機は、とにかく好きな本を死ぬまでにできるだけたくさん読みたい、というものでした。これまでに何千冊と読んできたのですが、六〇歳を過ぎて目も悪くなってくると思うように読み進められず、一週間に一冊読もうとすると、それがひと苦労と感じるようになってしまった。このことが残念でならず、速読法にチャレンジしようと決めたようです。

老いによる衰《おとろ》えを仕方のないことだと諦《あきら》めず、能力の回復、向上への強い欲求があったことが、彼に速読を修得せしめた大きな要因となったのでしょう。このままでは一年に五〇冊も読めない。一分に一冊とは言わないが、一日に一冊でも読めれば、もし三年生き延びたとして、あと一〇〇〇冊は読める。叶《かな》えば、こんな嬉《うれ》しいことはない――好きなことに向けるこの強い思いが、強い集中力となり、七〇歳を過ぎて、見事に速読法を身につけたわけです。

そして驚くべきは、速読によって単に速く読めるようになったというばかりでなく、詳細な内容を記憶していたり、思い出したい箇所を容易に思い出せたり、これまで気がつかなかったような新しい発想や考え方に到達したりするという、実に痛快な現象が起きてきたのです。七〇歳を過ぎて、思いもよらず脳や神経が若返ったようで、日々の生活にもハリが出てきたと、ご本人はその速読の成果を充分にエンジョイしているようです。

さて、小学生から古稀を迎えた年輩者まで、それぞれの目的や捉《とら》え方で速読を身につけているわけですが、先述の二人の話を見てもわかるように、これはただ「速く読む」ことに終始したトレーニングではないのです。速く読めるようになるのは確かにプロセスのひとつですが、その周辺には実に多くの副産物があることも、同時に理解しておかなければなりません。

ナチス・ドイツもスパイ養成に潜在能力を活用

つまり、このスーパー速読法には、従来言われてきた速読のコツ、たとえば、〝ナナメ読み〟〝拾い読み〟〝とばし読み〟など、まったく通用しないのです。そしてまた、多読、乱読によって読書に慣《な》れるというノウハウとも無縁です。

熱気あふれる講習会
（2002年3月、東京国際フォーラムにて）

こうした読み方をいくら積み重ねたところで、速読のスピードが一分間に何万字も読めるようになるはずはありませんし、ましてや、理解力や記憶力のアップを伴《ともな》うということなど、まるで考えられません。

結論から先に述べますと、このスーパー速読法は、呼吸法によって、誰もが持っている潜在能力を目覚めさせ、今まで行なわなかった活動を開始することで、集中力を高め、記憶力や理解力を増進させることにあるのです。これは科学的に、つまり大脳生理学の分野で、はっきりと裏付けがなされており、今後、さらに具体的な研究が進められることでしょう。このことについては、後の3章で詳《くわ》しく触れますが、ここで少し、その能力を実戦に活《い》かしたナチス・ドイツのスパイ養成の話をご紹介しましょう。

もともと、速読の驚異の世界へ、その扉を開いたのは、ヒットラー時代のナチス・ドイツだったのです。おもにスパイ養成法として速読が応用されたということですが、科学的な訓練によって集中力を養い、速読法をマスターしたスパイは、カメラも持たずに素早く機密書類を読み取り、敵地の軍港の様子を一瞬のうちに脳裡《のうり》に刻《きざ》み込み、情報として自国に送り込んでいったのです。つまり速読が、スパイ活動の武器だったわけです。

このスーパー速読法の訓練の中にもありますが、こうしたスパイ養成のために、いろいろな訓練方法が採られました。たとえば図形の描かれたカードを何秒間か見せ、次に見せるカードの中に同じものがいくつ入っているかを答えさせたり、ある人物の写真を見せて、その人物を駅やデパートなど人の多く集まる場所で捜す訓練。あるいは大きなレストランの食堂などで客の集団を数秒間見せ、カーテンを閉めたあと、客の数や、男女の別、食事中だった人の数などを答えさせる。さらに観察の対象を大きなものにして、野球場かサッカー場などで観察し、記憶するといった訓練をするのです。

スーパー速読で多くの人が受験をラクラク突破

スーパー速読法は目的が違いますから、前述のようなスパイまがいの訓練をするわけではありませんが、いずれにせよ、これまでの常識では理解しがたい能力です。そしてこの能力とは、実は速読法の訓練をしていくことによって養われた集中力の賜物《たまもの》なのです。

スーパー速読法の基本は、丹田《たんでん》呼吸法と眼機能訓練（ともに2章参照）にありますが、これによって素晴らしい能力が発揮されるという事実は、「心頭滅却《しんとうめっきゃく》すれば火もまた涼《すず》し」という悟りの境地にも似ています。もちろん、私たちがいくら坐禅を組んだところで、そう簡単に高僧が開く悟りの世界に到達するはずはありませんが、丹田呼吸法による集中力のアップが、没我《ぼつが》の世界への重要なカギを握っていることだけは確かなのです。これは3章でも述べますが、潜在能力のキーポイントとなる脳波の中のα《アルファ》波を惹《ひ》き起こす引き金になっているからです。

ですからスーパー速読法は、一分間に五〇ページも一〇〇ページも読めるようになるという直接的、表面的な効果のかげに、実は計《はか》り知れない能力を生み出しているのです。このことは、多くの会員の方の体験談からも明らかですが、なかでも受験や学校の成績アップに役立ったという成功談が、今、多くの学生の注目を集めています。

また転職や自立のために国家試験・資格試験を受けようとするビジネスマンやOLの方々が、スーパー速読法によって成功し、新しい人生を切り拓《ひら》いたという報告も数多く寄せられています。

私たちの速読協会に加入される方の中には、そうした体験者の生《なま》の声を聞いて、「学校の成績アップにつなげたい」「子どもが落ち着きがないので集中力をつけたい」「難関の希望校への受験突破の武器にしたい」「国家試験にぜひとも合格したい」というような目的を持って速読を始められる方が増えています。

たとえば受験生が速読法を身につければ、ライバルより何倍、何十倍もの速さで参考書

速読訓練で、集中力が上昇する

を読み、また情報を収集できるばかりか、一度読んだその内容を、しっかりと記憶の中に刻みつけておくことができるようになります。

また受験に直面しても自分の気持ちをコントロールし、落ち着かせることができますから、焦《あせ》りや緊張によって、実力の半分も出せなかったというような苦《にが》い経験を味わうこともなくなります。

受験という熾烈《しれつ》な戦いを乗り切り、成功を手にするのは、やはり容易なことではありません。しかし、そうした困難をことごとく打開し、学習法、受験法の新しいノウハウをも教えてくれるのが、このスーパー速読だと言えましょう。

では、実際に速読法をどのように活用したのか、それによってどんな効果が得られたのかを、日本速読協会の会員の方々にご登場いただき、その体験談として、報告してもらうことにしましょう。

(2) 最難関大学もラクラク突破
――能率を大幅にアップさせる受験勉強への活用法

脳性マヒの障害と不登校を克服して、念願の神戸大学大学院へ

嶋津《しまづ》けい子《こ》さん・良郎《よしろう》さん

長男の良郎に異常が見つかったのは、生後六カ月の検診のときでした。母となって初めて迎える冬の、その日はとくに寒い日だったと記憶しています。私は医師の口から出たその信じがたい言葉に我を失い、ただ茫然《ぼうぜん》と立ちつくしていました。

「あなたのお子さまは、脳性マヒです。残念ながら、重度と思われます」

貧血と地震が同時に私を襲ったような衝撃でした。

「ということは、この子は一人で歩くことも、人並みに話すこともできないのですか」

やっとの思いで訊《き》いたこの問いかけに、医師はこう答えました――「訓練次第では、歩けるようになれます」。

それからの私の生活は、医師のこの言葉にすがる思いで、ただもう必死に息子の機能訓練に通い、泣き叫ぶその姿を見守る日々でした。そして数カ月が過ぎたころ、医師から「これほど良くなるお子さまもめずらしいですよ」と言われたときの嬉《うれ》しさは、何と言っていいか、まさに天にも昇る思いでした。

多少のぎこちなさは残りながらも、なんとか一歳半くらいで一人歩きができるようになり、見た目は健常児に近づきました。が、脳波の乱れは相変わらずで、虚弱で病気がちな体も、知恵遅れも、そのままでしたから、歩けるようになったとはいえ、将来への不安がぬぐい去られることはありませんでした。

とにかく虚弱な息子のために、できることは何でもやってみようと、玄米自然食や東洋医学などにも首を突っ込みましたが、そんな中で偶然「速読」に巡り会ったのです。このとき息子は小学校二年生でした。

最初は息子に習わせようと試みたのですが、知恵遅れで、脳波に異常のある彼にとって、そのトレーニングはやはり無理がありました。そこで、まずは私が修得してみようとトレーニングを始めたのですが、進むにつれてすっかりその魅力にとりつかれ、もはや彼を救えるのはこれしかないと信じるようになりました。それというのも、速読の訓練はα《アルファ》波を増加させ、脳の働き方に変化を起こすということを実感したからです。

トレーニングを始めて二～三ヵ月経った頃、道を歩いていたら、いきなり路肩の花がバッと鮮やかに目に飛び込んできたのです。それはこれまでに経験したことのない感覚でした。同時にイライラや怒りっぽさがなくなり、なぜか楽しい気分になってしまう自分に、不思議な気さえしたものです。もちろん、読む速さが十倍になるのにそれほど時間はかからず、六〇〇〇字をクリアした翌年にはなんと三万字に到達していました。

そんな中、私が身につけた速読法を活《い》かす機会が訪れたのは、彼が中学受験を言い出したからです。もちろん、それがいかに無謀なことであるかを知らないわけではなかったのですが、本人の気持ちをくみ取って、まずは近所の塾へ相談に行きました。たったひとつだけ、受け入れを許可してくれる塾があったのです。事情を説明すると、他の生徒の邪魔にならないようにという条件で、二つあるクラスの、レベルの低い方へ入ることができました。成績は五〇人いるクラスの、もちろん五〇番です。それも四九番からはほど遠い五〇番でした。

私は、自分で受験を決めた息子の覚悟を確認して、いよいよ「速読」のトレーニングを始めました。毎朝六時に起きて、丹田呼吸法と目のトレーニングを欠かさず続けます。やがて本読みトレーニングから記憶力トレーニングも組み入れました。そうしておよそ二〜三ヵ月を経過したでしょうか。大きく水をあけられて五〇番だった彼の順位が、なんと四九番になったのです。これは、私にとっても予想できない事態でした。「やればできる！」という思いが湧《わ》き上がり、私も息子もトレーニングに熱が入りました。

そしてあろうことか、受験の頃にはそのクラスのトップの成績を争うほどになったのです。

結果として希望した中学校に受かったわけではないのですが、この経験は、私と息子にとってかけがえのないものとなりました。しかも病弱（喘息《ぜんそく》）でほとんど登校できず、学習能力も運動能力も人より劣ることが多く、実際は思い通りに行かないことばかりなのですが、それでも「やればできる」「あきらめなければ、何とかなる」という信念を、「速読」が教えてくれたのです。

やがて単位制の高校に進学後、大阪工業大学の夜間に進み、ここから国立神戸大学の大学院への合格を果たしたのです。夜間部から合格するなどありえない、と誰もが口を揃《そろ》えて言うほどの難関でした。奇跡と言ってもいいでしょう。

もちろんこの合格にはさまざまな要因があるでしょうが、もし彼が速読を知らなければ、きっと成し得なかったことだと私は思っています。

それは、たとえば彼のこんな能力を見ても、なるほどとうなずけるのです――大学の講義の内容をノートに記すとき、たいていは先生が板書した内容をそのまま書き写したり、話の内容を書き留めたりするものですが、彼はいつも黒板の内容や話を全部まとめてイメージで捉えて、それを絵やグラフで、あるいは自分の言葉に置き換えてノートに記すのです。この逞《たくま》しいイメージ力こそ、まさに「速読」の賜物《たまもの》なのです。

そしてこうした能力は、これからの彼の人生を支えてくれる大きな力となるにちがいないと信じています。

苦手な暗記科目で高得点をとる

川畑栄作《かわばたえいさく》さん（東京工業大学）

「速く読めるというだけではなく、記憶力もかなり増大します」——この言葉に私は興味をそそられ、半信半疑ではありましたが、速読協会に電話をしたのです。そこでスーパー速読法の概略を聞いて、納得できる科学的根拠のあることを知り、加入を決めました。

両親は初め、受験勉強の邪魔になるから、大学に入ってから始めたほうがいいと、あまりイイ顔をしませんでしたが、私にしてみれば、うまくいけば、この速読法で苦手科目を克服できるかもしれない、という気持ちがあったのです。

私は理科系へ進学するつもりでしたから、理科や数学は得意だったのですが、文科系の科目、とくに社会が大の苦手。歴史の年代や人の名前などの暗記ものの勉強を始めると、たちまち眠気を催《もよお》してしまうのです。

そこで、もし二カ月ほどやってみて効果がなければ中断するという両親との約束で、八月からスーパー速読法の訓練を一日に三〇分間、受験勉強のスケジュールに組み込んだのです。

丹田呼吸法や眼機能の訓練をしていると、三〇分などアッという間です。ときには熱中して一時間ほどかけることもありましたが、他の勉強に支障をきたさない範囲ということで、一応三〇分のワクを守るようにしました。しかし、かえってこの三〇分が、いい気分転換になったようです。

訓練を開始してしばらくは、単調な内容の繰り返しに、多少苛立《いらだ》ちを感じることもありましたが、乗りかかった船と腹を据《す》えることにしました。そして約束の二カ月が経《た》ったとき、私は両親の目の前で、買ってきたばかりの新刊書を速読してみせました。このとき、一分間に五〇〇〇字をこなせるようになっていたのです。もちろん両親が目を丸くしたのは言うまでもありません。

教科書、参考書を速読訓練のつもりで読む

十月に入ってから、いよいよ苦手科目にとりかかりました。世界史の参考書を、まず速読をかけて、まる一冊通し読みをします。そのあと、最初の半分以下のスピード

で、五〇ページくらいのブロックに分けて、二～三度じっくり読み返します。

このとき、ゆっくりと丹田呼吸をしてから本読みにかかるのですが、最初の頃はどうしても覚えなくちゃいけないと思うものですから、なかなかうまくいきません。たぶん、せっかく呼吸法で集中力を高めても、「覚えなければ」と意識すると、その分だけ気が散ってしまうからではないでしょうか。

そこで、今までやってきた速読訓練のひとつだという気持ちで、気を楽にして教科書や参考書を読むのではなく見るように努力しました。

するとどうでしょう。今まで頭の中でこんがらがっていた各国の時代背景がすっきりと整理され、思い出したい年号や人名などがパッパッと出てくるようになったのです。

速読法の効果がこれほどとは思ってもみませんでしたから、もう合格したかのような浮かれようでした。すっかり社会に自信がつき、それに割り当てていた時間を、数学に回すことができたことが、現役合格の大きな要因であることは間違いありません。

また、塾に通っていたのですが、講師の話がいつまでも頭の中に残っていることに気がつきました。これは集中力がついたためだと思います。

受験当日、私はひたすら丹田呼吸を心がけました。そして、半年前まであんなに苦手だった社会で、満点に近い好成績をあげたのです。

ところで、これは速読法の副次的効用ですが、視力が少しよくなりました。高校に入学してから急激に視力が落ち、〇・一以下だったのが、〇・二まで見えるようになったのです。

以前は連続して二〜三時間机に向かっていると、目がショボショボして、字がボーッとかすんでしまうことがよくあったのですが、速読を始めて二カ月ほど経った頃から、そんな感じがまったくなくなりました。

受験でさらに目が悪くなると思っていたのに、これは思わぬ効用でした。

速読法の訓練は、潜在能力の活性化

川畑さんの場合は、〃記憶力の強化〃ということに照準を絞って、このスーパー速読の世界に足を踏み入れたわけですが、歴史の年号や人名の暗記はもとより、それぞれの時代背景を頭の中で整然と捉《とら》えることができるようになったのは、ただ覚え込むというだけではなく、いくつもの記憶のポケットを持つことができるようになったからなのです。

つまり、〝見る〟ことによって写し撮《と》ったフィルムを、脳の中で整頓《せいとん》し、右脳に定着させ、必要なときに左脳を通して現像できるというシステムを、速読法の訓練によって形成することができたわけです。

また潜在能力の活性化によって、いわゆる〝第六感〟〝直感力〟が養われることも、いろいろな方面からのデータによって、信頼性の高いものとして受け止められています。

たとえば数学や物理の難問を解《と》く場合には、論理的思考よりも〝閃《ひらめ》き〟が必要だと言われますが、こんなところにも速読の見えない効力が働いているのです。というのも、〝閃き〟とは、それまでは思い浮かばなかったよい考えが浮かぶことですが、何の知識も記憶もない事柄については、いかなる〝閃き〟も生まれないからです。

逆に言えば、〝閃き〟を得ようと思ったら、知識や記憶を大量に集積し、それを自由自在に頭の中の引出しから出せなくてはなりません。この引出しから出すという作業をうまく行なえるか否《いな》かが、潜在能力開発のカギなのです。

次に、東大に合格した佐藤さんの受験奮戦記をご紹介しましょう。

国語の長文読解や英単語の暗記に素晴らしい効果

佐藤健二《さとうけんじ》さん（東京大学文I）

NHKの『ワールドニュース』の字幕を一目で読み取る

速読法というものがあると知ったのは、高校のとき、友人がやっていたからです。もともと本を読むのがあまり好きではなく、たまに読むと、同じところを二度も三度も読み返すので、一冊を読み終えるのに一週間も一〇日もかかってしまったり、途中にしおりを挟《はさ》んだまま本棚に忘れられてしまう本も多いというありさまでした。ですから、速く読むという能力に一種の憧《あこが》れを抱いてはいたのですが、高校三年という受験の時期にこの速読法を始めた理由は、友人から「長文読解にもってこいだ」と聞いていたためです。

文章を速く読むという習慣のない私は、当然、人より読む速度が遅く、速読法の訓練をする前に計《はか》ったスピードは、一分間に四〇〇字がやっとでした。

実力試験や大学入試の模擬《もぎ》試験では、国語の長文問題はかなり大きなウェイトを占めます。他の教科ではそれほど不得手なものがないのですが、この長文問題にはいつも悩まされていました。

とにかく読むのに時間がかかりすぎて、解答する時間が人より少ないのです。それに設問数が多いので、時間内にどうにか書き終えるのが精一杯で、とても見直す余裕などありません。おかげで国語の成績だけ、いつも不満足なものになってしまうのです。

ところが、速読法を自宅で訓練しはじめて三週間ほど経《た》ったとき、いつもは読み終えるのがやっとだったNHKの『ワールドニュース』の字幕が、パッと読み取れるようになったのです。そのとき、文章は頭から順に読まないと意味がとれないという今までの先入観が、一気に吹き飛びました。新聞を見ても、数行ずつまとめて見るという読み方ができるようになったのです。

また、登校途中などで、二、三日前に勉強した化学方程式が、いきなりポロポロと思い出されたり、一週間前に先生が黒板に書いた、大正デモクラシーについての記述が、映像となって再現されたりといった奇妙な体験をしました。

「これがスーパー速読法による記憶能力の発揮なのだ！」

友人にこのことを話すと、彼も同様の体験をし、暗記する学習に大いに役立てていると言うのです。このとき、友人は速読法を始めて約二ヵ月で、一分間に一万字、私は約一ヵ月で、六〇〇〇字でした。

丹田呼吸をしながら、英単語を毎晩一〇〇語

そこでまず、英単語を覚えるのにこの速読法で身につけた能力を活《い》かそうと考え、毎日寝る前に丹田呼吸をして、英単語を一〇〇語ずつ書きました。そして翌朝、いくつ覚えているか書き出してみる訓練をしたのです。

最初はちょっと気が散ったりしてうまくいかず、せいぜい二〇個から三〇個止まりでしたが、二週間ほどすると七〇個、冴《さ》えているときには八〇個ほど書き出すことができるようになりました。そして何よりなことに、一週間後にもその記憶が残っているわけで、この事実に、われながら驚きました。

他にも、たとえば日本史や現代社会などの暗記ものの教科や、理科Ⅰでも化学方程式や物理の公式、遺伝の仕組みなど、覚えなければならないものには、ほとんど速読の力を借りました。そして十月、予備校の模擬試験に臨んだときのことですが、いつ

もギリギリの国語の試験時間が一五分も余ったのです。私は一瞬、自分の腕時計が狂っているのかもしれないと思ったのですが、柱時計の針も同じところを指していました。

設問の内容も、いつもよりずっと速くつかむことができ、急に志望校への夢がグンと近づいてきたような気がしたものです。

それからも毎日の丹田呼吸法の練習を欠かさず、教科書や参考書などで、速読を実践で訓練していきましたので、今年の一月頃には一万字を超えるスピードでした。

もちろん、第一志望校への現役パスも果たして、〝桜咲く〟春を迎えることができました。

「集中力のコントロールができるようになった」

この三人の体験談からもお分かりのように、速読法をマスターすることと、受験勉強とは、並行してその目的を達成することができるのです。

極端な話、速読の文字量を増やすことができなくても、毎日、丹田呼吸法を繰り返すだけで、学習効率が大幅にアップし、眠っていたあなたの本当の力が活きてくることはたしかです。学習院大学理学部に合格した山崎龍一《やまざきりゅういち》さんも、独協大学外国語学部に入学した田中彰《たなかあきら》さんも、また、あとで登場する莞富誉樹《かんとよき》さんの友人であり、東京大学文Ｉの湯《ゆ》ノ口穣《くちゆたか》さんのお話を伺《うかが》ってみても、皆さん口を揃えて、「集中力のコントロールができるようになった」と、その威力を認めています。

速読法の訓練によって養われるこの集中力が、潜在能力の起爆剤となっているのです。

将棋や囲碁の専門棋士は、盤面を頭の中に描き、一瞬で盤上の駒や石を何十手も動かせるそうですが、この集中力がその他のところでも発揮されたというおもしろいエピソードが、いくつも伝わっています。

将棋の内藤国男《ないとうくにお》九段は、右目が相当の弱視だそうですが、検査をすると、検査表の文字をほとんど読んでしまうことがあるそうです。というのは、検査のときに、よく見える左目を先に検査すると、見たものがはっきり脳裏に焼きついてしまい、見えないはずの右目の検査になっても、それをどんどん読んでしまうからだそうです。

また引退した升田幸三《ますだこうぞう》九段は、子どもの頃、電線にとまっているツバメに石を投げ、飛び立った瞬間にその数を当て、間違うことがなかったといいます。ただ単に「見る」という行動であっても、そこで集中力が発揮されているか否《いな》かで、驚くほどその質が違ってくるものなのです。

明治から昭和初期にかけての民俗学者、南方熊楠《みなかたくまぐす》は、博覧強記《はくらんきょうき》の天才といわれていますが、その読書に対する集中力、記憶力は、恐るべきものだったと言われています。幼少の頃に古書店の店頭で立ち読みをして帰り、それを家で筆写するという作業を繰り返し、とうとう『列仙伝《れっせんでん》』という何巻もある大著を全巻筆写してしまいました。また、出先で書物を閲覧すると、帰って筆写するというのが常で、一四歳頃までに、『本草綱目《ほんぞうこうもく》』『諸国名所図会《しょこくめいしょずえ》』『大和本草《やまとほんぞう》』など、民俗学、植物学のめぼしい和漢書をほとんど筆写し終えていたそうです。

南方熊楠は、専門の民俗学、植物学だけでなく、語学のほうでも天才的で、なんと十数カ国語に通じていたというのですから、びっくりしてしまいます。しかし、このような才能は天賦《てんぷ》のもので、私たちには無縁だと考えるのは間違いです。ほんの数カ月前まで、目立った才能をみせていなかった人が、速読の訓練によって超人的な読書能力を身につけているのです。才能は、誰にでも備わっています。要はその才能を訓練によって開発するか否《いな》かなのです。

(3) 優雅にキャンパス・ライフを楽しむ法
——優の数を増やすことなんて、片手間仕事で充分だ

一遍上人《いっぺんしょうにん》の「捨ててこそ」は何を意味するか

人間の意識というものは、ひとつのものに集中していると、それ以外は何も見えなくなります。他のどんな刺激も、大脳の中で、神経細胞が伝達回路を閉ざしてしまえば、認識されません。そうなると、いかなる雑音も耳に入らず、無念無想の境地に入れるのです。「明鏡止水《めいきょうしすい》」という言葉がありますが、磨かれた鏡のごとく、さざ波ひとつない水面のごとく、落ち着いた静かな心境になれば、人間の脳は怖るべき力を発揮します。

よく、テレビの好きな番組に見入っている子どもに、母親がいくら声を掛けてもまったく耳に入らないということがありますが、これは無意識の集中なのです。

こうした例は、ふだんの生活の中でもたびたび見られることなのですが、それと意識していないので気づかないだけです。ですから逆に、「これに集中しよう」と思い始めると、その世界はかえって遠くに逃げてしまうものなのです。

「明日までにこの英単語を覚えなくちゃ」とか、「この試験に合格するには、この本をマスターしなくては」などと、何かの目的のための手段として考え始めると、本当の意味での集中力は養えないでしょう。

鎌倉時代の高僧、一遍《いっぺん》上人は、生涯を旅で過ごした人ですが、念仏の秘訣《ひけつ》は何かと訊《き》かれて、ただ一言、「捨ててこそ」と答えたといいます。こうした仏教の「悟り」の境地は、人間が集中力を発揮する極《きわ》みといえるでしょう。

たとえば、空海《くうかい》の驚異的な速読能力は、昔から語り継がれていますし、またロシアのバルチック艦隊を日本海に迎え撃った連合艦隊の秋山《あきやま》参謀は、開戦の寸前まで坐禅を組み、不可能を可能にする戦術を見極めたのも有名な話です。敵前横断、つまり艦隊の横腹を敵に見せるという、海戦史上まれに見る果敢な戦術で勝利を収めたわけです。

しかし私たちは、何もそうした禅の境地を開こうというわけではありません。自分が今、目の前に熱中したいものを持っていれば、それに対する意欲や熱意を大切にすればいいのです。その前向きの気持ちを、呼吸法によって集中力に昇華《しょうか》させ、脳の潜在能力をフル回転させるわけです。

英単語ひとつ採《と》ってみても、それを「受験に必要だから覚えないといけない」などと考えるのではなく、「この英単語をとにかく覚えたい」という単純な気持ちになることです。

これから紹介する四人の学生（うち一人は小学生）は、大学に入ってから訓練を始めた方たちですが、心にゆとりを持てる時期でもあり、速読法によって身につけた集中力を活かして、学校の成績アップに素晴らしい効果をあげています。

問題を目にした途端、解答が湧《わ》き出てきた

園山《そのやま》恒久《つねひさ》さん（立教大学経済学部）

マスターして半年後、成績が大幅アップ

昔から本を読むのが好きで、とにかく若いうちに、できるだけたくさんの本を読破したいというつもりで始めた速読法が、学習面で目を見張るばかりの効果をあげたことは、私にとって大きな驚きでした。

速読法をマスターして約半年後、大学の後期試験での成績がグーンとアップしたのです。とくに文科系の科目に、その効果ははっきりと出ました。数学などでも、公式

を用いるような設問なら、それに適切な公式がパッと思い浮かんでくるのです。

試験が始まる前に、必ず丹田呼吸を行ないます。そしてゆっくりと目を開け、答案用紙に向かうと、たいていの場合答えるべき言葉があふれ出すようにどんどん湧《わ》いてきて、一気に書けてしまうのです。必要な言葉が数珠《じゅず》つなぎになって出てくるみたいで、その勢いに任せてペンを走らせるといった感じです。とにかく、解答を選ぶのではなく書くことを要求される問題には、ガゼン強くなりました。

また授業中も、黒板の文字をノートに書き写すとき、黒板がほとんどいっぱいに埋まる頃になってから、一気にその内容を写し取るのです。ですから、それまで顔をあげて、先生の話を聞きながら内容を把握《はあく》することができるので、授業の理解度はかなり高くなりました。友人たちは、私のそんな態度を見て「すごく記憶力がいいんだなぁ」と驚いているようです。

もちろん速く読む能力と、記憶力の強化とが相乗して成績アップにつながっていることは言うまでもありません。

教科書は、だいたい新学期が始まると、すぐにひととおり読んでしまいます。小説や実用書と違って、専門書になるとそのペースが落ちるという人もいるようですが、私の場合は、とくにそうしたギャップを感じないで読めます。パッパッとページをめくっていうのも、読むというより見ているからでしょう。パッパッとページをめくって見進めていくわけです。そして最後のページをめくり終わって本を閉じると、頭の中に小さな見出しとなるべき文字が並びます。それをあとからつないで、内容を分析していくのです。

ただ、やはり専門書となると、わからない言葉や理解しにくい箇所が出てくるのは当然です。しかし、章ごとにわからなかった部分や言葉などをまとめて拾い出すことは容易です。経済の専門書を読んだあとなども、たとえば「経済フローチャート」とか「経済動向の流体調査」という部分がわかりにくかったということが、読後に頭の中に残っていて、それを拾い上げていくことができます。そのあとで、辞書を引くなどして解決していけばいいわけです。

こうした速読を身につけたおかげで、レポートの提出が以前に比べてずっとラクになりました。普通の人がまる一日かかって読む本を、わずか一時間ほどで読み終えることができるわけですから、参考資料の幅も拡がり、レポートの内容も深くなります。これで成績が上がらないわけがありません。

ある日突然、一ページがまるごと見えた！

スーパー速読のテキストを購入したのが去年の五月。時間的な余裕があまりなかったのでサテライト（日本速読協会の主催する常設教室）へは行かず、もっぱら独習でした。六〇日間のカリキュラムにそって、毎日一時間ほどの訓練を続け、五〇日目にその課程を終了。

一分間に一万字を目標にしていましたが、そのときは八〇〇〇字くらいでした。それでも始める前は九〇〇字でしたから、約一〇倍のスピードになったわけです。

この五〇日間の訓練の中で、最も大きな変化が現われたのは、二週間が過ぎたころでした。ある日突然、まったく突然に文字が目に飛びこんでくるように見えたのです。思わず「やった！」と心の中で叫びました。

そのときの感じを言葉で表現するのはむずかしいのですが、まるで一ページに一文字だけ書いてあるように見えたとでも言いましょうか。それも徐々にそうなったのではなく、何の前兆《ぜんちょう》もなくいきなりですから、やはり胸が高鳴るのを覚えずにはいられませんでした。

それまでは、たしかに目の動きが速くなったような気はしていましたが、ひょっとしたらそれだけで終わるんじゃないか、という不安が首をもたげ、少々気力が減退していた頃でもあったのです。先輩たちの体験談から、一ページがまるごと目に入ってくるということは話には聞いていましたが、なるほどこれがそうなんだと知るや否《いな》や、もう楽しくなってしまって、その後の訓練にますます熱が入りました。

現在は、一万字を達成してからしばらく基本訓練はしていませんが、毎日、何らかの本を読んで実践していますので、その能力が衰えるということはないようです。

この他、たとえば道を歩いていても、目はまっすぐ前を向いているのに、上のほうの看板の文字が見えたり、また視野が拡大しているので状況をキャッチするのが早く、不意の事故などに対する不安もなくなりました。

また、私はちょっと不眠症気味で眠りが浅く、朝起きるのが苦手だったのですが、速読の訓練をして床に就くと、朝とてもすっきり目が覚めて、一時間目の授業にも遅刻するということがなくなりました。

わずか一カ月で、四万字をクリアした小学校四年生

橘《たちばな》　あおいさん（公立小学校）

はじめて速読の実演を、娘と一緒にテレビで見たときは、驚きとともに、人間の持つ計り知れない能力に対する興味と好奇心でいっぱいでした。娘は小学校四年生でしたが、そろそろ何か彼女自身の能力を伸ばせるよい手がかりはないものかと考えていた矢先でした。

もともと詰め込み教育に対する疑問を持っていて、小さい頃はイメージ力や右脳トレーニングを重視した幼児教室に行かせたこともありましたが、この速読法はまさにイメージ力を活かすのに打ってつけの方法だと思ったのです。娘も興味津々《しんしん》でしたから、迷わずトレーニングを開始することにしました。

ところが、練習を始めて一週間ほど経った頃、インフルエンザにかかって二〜三日お休みをしてしまいました。すると、このたった二〜三日のブランクが影響して、せっかく高まっていた集中力が落ち、目の動きも遅くなってしまったのです。いかに毎

日のトレーニングが大切かを、このとき実感しました。とにかく始めてしばらくは毎日休まずトレーニングを続けることが、上達のポイントではないでしょうか。

再スタートしてはじめの二日くらいで残像が見えるようになり、四日目には視野がかなり広くなったという自覚があり、十日目には一ページがまるごと目に焼き付けられるようになりました。

その後、記憶力トレーニングで、本読みのあとに言葉の書き出しをしてみたのですが、はじめは無作為に十語ほどだったものが、しだいにキーワードを選び出し、その周辺の言葉を関連づけて出せるようになりました。これは、本の内容の全体を把握できるようになったということでしょう。ときにはあとからあとから言葉が出てきて、一〇〇語以上を書き出すこともありました。また最近では、起承転結のキーワードを押さえた上で、自分の意見を書き加えることもしています。

およそひと月が過ぎましたが、集中力トレーニングで呼吸法の訓練をしたり、一点集中法や視覚機能をアップするトレーニングをしていくうちに、気がつくと一ページを一秒で読めるようになっていたのです。本読み用のテキストでは、一分間で一四〇〜一五〇ページは読めます。そしてこうしたトレーニングを、娘がとても楽しんで取り組んでいる様子は、私たち家族にも伝わってくるのです。次第に自分の能力が進化していく手応えを感じながら、きっと毎日が楽しくて嬉《うれ》しくて仕方ないのでしょう。

以前から購読していた小学生新聞も、今では、朝食後のわずかな時間に全部読み終えてしまいますし、小学校高学年用の本は、毎日何冊も読んでしまうのです。

ただ、どんな本も速読で一気に読んでしまうわけではなく、じっくり読む本と、速読ですばやく読む本とは、自分なりに分けているようです。また学校の授業では、板書をノートに写すとき、何度も黒板を見る必要がなく、一度見ただけでパッと書き写せるようで、おかげで遊ぶ時間が増えたと、本人は実に満足げです。

このように、速読を始める以前と比べて時間を短縮できることが多くなり、そのぶん時間的にも、また精神的にも余裕が生まれたようです。

ついひと月前は、信じられないような光景だった速読が、今こうして娘の手の内にあることは不思議な気さえするのですが、同時に、それは決してできないことではないという信念を、私も娘もたぶん持っていたからできたのでしょう。所詮、不可能だとか、ばかばかしいトレーニングだなんて思っていたなら、きっと途中で挫折《ざせつ》したにちがいありません。

加えて、集中力をつけるのに必要なゆったりした環境づくりが、速読の上達に大きな要因となったこともまた間違いないでしょう。そうです、勘違いしてはならないのは、集中力とは、決して力んだり、緊張したりするところからは、生まれてこないということです。リラックスした状態でこそ、本当の集中力が発揮されるのです。

大人は「集中力」と聞くと、どうしても肩に力が入ってしまいがちですが、子どもの素直な理解と興味が、いい集中力を生みだし、それが速読の上達となって現われたのでしょう。これから先、娘にとって速読が、あるいは集中力が、どんなに不思議な人間の能力を導き出すのだろうかと、私はひそかに楽しみでなりません。

授業に出なくとも、試験は一夜漬《いちやづ》けでOK

莞富誉樹《かんとよき》さん（東京大学文Ⅰ）

三〇分の立ち読みで一〇冊を読破

高校時代に、英語の速読法があることは知っていました。ケネディやレーガンが、速読をやっているということも。

そこで、まったくの独学ですが、ぜひそれをマスターしたいと思い、英字新聞や『タイム』などの雑誌を見ては、一行ずつまとめて読み取れるよう、自分なりに訓練してみました。

まだ呼吸法を活用することなど知りませんでしたので、ひたすら目を速く動かすことに訓練の課題を絞っていました。

数カ月ほどすると、『タイム』の一行分くらいなら、一目で捉えることができるようになり、これでかなり英語の力がつきました。私は英語の学習方法を、このような長文の読解に重点を置いていましたから、たとえば単語をいくつ覚えるというような勉強はほとんどしませんでした。覚えるというのは、どちらかと言えば苦手なほうでしたから。

さて、私が日本語の速読法があると知ったのは、去年の春、大学に入ってまもない頃でした。たまたま書店で手にした本がそれだったのです。そこには呼吸法のことや、潜在能力のことなど、実に興味深いことが書かれていました。自己流ですが、英語の速読をやっていたこともありましたので、何のためらいもなく日本速読協会に入会を申し込みました。

週に一度か二度、サテライトへ顔を出して指導を受けながら、毎日の訓練が始まりました。とにかく毎日続けるということが、最初はとても辛い。また、脳のα《アルファ》波（集中力が発揮されているときの脳波、詳しくは183ページ参照）を出さなくちゃ、と意識してしまうと、呼吸法の息が苦しくなってしまいます。これは訓練日数を経《へ》れば、勝手に解消されていくものですが……。

眼機能訓練では、英語をやっていたため、ヨコの目の動きには慣れていました。でもタテの動きはちょっとむずかしくて、マスターするのに一ヵ月以上、ヨコの倍の時間がかかりました。テキストの、左右の幅の広いヨコのページ（103ページ参照）をタテにして、タテ読みの練習をするなどの工夫をしながら、とにかくできると信じて続けました。

そして、二週間ほど経った頃、書店でちょっと立ち読みをしていたのですが、片手に持った本をパラパラとめくっていたら、そのめくる速さに合わせて目が動き、中の文字がしっかりと見えるではありませんか。内容を理解するというところまではいかないものの、かなりのスピードで文字を読み取れるというその事実は、すごい感激でした。

ふつうなら目を速く動かせば、ひとつひとつの点が流れて線になってしまうはずですが、速読法では、いくら速く動かしても、ひとつひとつが際立《きわだ》って見えるのです。およそ一カ月ほどで、一分間に五〇ページ、本によっては一〇〇ページ以上を読めるようになりました。平均して四万字ほどでしょうか。

こうなると本を買うのが何となくもったいなくて、ついつい立ち読みですませてしまうようになります。一度、ある書店へ行って手あたり次第に読んでいたら、店員に文句を言われて追い返されたことがありました。ほんの三〇分ほどだったと思うのですが、一〇冊は読みましたから。私のような人間が増えると、書店もさぞ迷惑でしょう。

とにかくどんどん読めるのがおもしろくて、夏休みまでは、毎日朝起きてからと夜寝る前に眼の訓練を欠かさずやりました。呼吸法のほうは、以前、本で読みかじって坐禅をしていたことがありますので、とくに練習の必要は感じませんでした。坐禅を組んで、一分間に三～四回の呼吸に落としていくわけですが、これをやると集中力がつきますので、勉強が手につかないときや気分がイライラしているときには効果絶大です。丹田呼吸法も、そのメカニズムは同じなのです。

『日経新聞』を一面二〇秒で読める

べつに五月病にかかったわけではないのですが、入学してから、大学の授業にはほとんど出席していませんでした。他にやりたいことが山ほどあったからです。ギターもそのひとつで、今ロックに傾注しています。

でも、速読法をマスターしたおかげで、試験を目前にしてうろたえるという醜態《しゅうたい》はさらさずにすみました。なぜなら、一夜漬《いちやづ》けができるからです。

試験前日になってから、その科目に必要な本をまとめて読み、そして理解し、キーポイントとなる部分をしっかり頭の中にインプットしておくことができるのです。一度はまずサーッと速いスピードで通読し、そのあと二〜三度、理解することに重点を置きながら、ややゆっくりとしたペースで読み返すわけです。

大学では、まだそれほど突っこんだ専門課程に入っていないので、このやり方でほとんどの科目をクリアできます。

私の速読法の利用の仕方は、速く読むことよりも、むしろ速く理解するという点にあります。試験前の勉強も、この点を最大限に活かしているつもりです。

速読量をどんどん増やして、一分間に一〇万字、二〇万字と読んでいくことよりも、四万字ならその四万字の中で、いかに理解度を高めることができるか、そちらのほうに速読の意義を感じています。いたずらに文字数の増大ばかりを目指して、中途半端《はんぱ》な理解ですませてしまうのは、速読の本来の目的ではないと思うからです。

やはり本によって、ページによって、その目的にかなった速読の調整をしていくことが肝心《かんじん》でしょう。私はふだん、ニューサイエンスや哲学の本を好んで読みますが、こういった類《たぐい》の本は、ただ速く読めればいいというものではないはずです。

逆に、情報の収集を目的とするものであれば、できるだけ速く多く読み取ることが目的になります。雑誌や新聞は、そうした読み方をすればいいのです。私は毎朝、登校途中に駅で『日経新聞』を買うことにしていますが、一面を読むのに二〇秒あれば充分ですから、ちょっとホームで電車待ちをしている間に、全部読み終わってしまいます。

要は、自分の目的とペースに合った速読法を身につけることではないでしょうか。

英検二級に速読で合格、次は英検一級に挑戦

熊木《くまき》　徹《とおる》さん（英語専門学校）

二カ月の訓練で、英字新聞の速読に成功

ちょうど英検二級の資格取得に向けて勉強を開始してまもない頃でした。あるテレビ番組で、男の人が、ものすごいスピードで本を読んでいるのを見たんです。その光景は、私にかなりのショックを与えました。

画面に引きつけられるように見ていると、その男の人は読み終わったあと、出演者から浴びせられる質問に、ことごとく返答していくではありませんか。あんなに速いスピードで本をめくっていながら、これほど正確にいろいろな内容を覚えているなんて！

矢も楯《たて》もたまらずに、私はその速読法のノウハウを知りたくて書店に駆け込みました。本の中に紹介されていた速読理論は、脳の働きや目の機能に基《もと》づいたものでした。

「これなら、どんなものにも応用できるぞ!」

そう感じた私は、とりあえず二カ月後に控えた英検の試験をものにすべく、この速読のノウハウをマスターしようと奮起《ふんき》しました。

学校の授業でもときどき、「英字新聞を何分で読めるか」というような練習をさせられることもありましたが、私はどうも速く読むことが苦手でした。しかし二級合格を果たすには、この壁を越えなければなりません。

入会したのは八月でしたから、英検の試験まではまる二カ月あったわけです。「試験突破」の目標を掲げて、訓練に身が入ったのは当然でした。ただ、速読法の訓練に毎日一時間を費《つい》やしていましたから、その分、英語の勉強に支障をきたすようなことになりはしないかと、多少の不安はあったというのが正直なところです。

毎日、丹田呼吸法と目の動かし方の繰り返し。もし試験までに少しも習得できなかったらどうしよう。たとえ日本語は読めるようになっても、それが英文に通用するのかどうか……。そんな思いがチラと脳裡《のうり》をかすめたこともありましたが、そうした疑《ぎ》心暗鬼《しんあんき》や雑念が、結局は能力にフタをしてしまうのだと聞いていましたので、とにかくひたすら信じて練習を重ねました。

そろそろ一ヵ月が経《た》とうとしていた頃だったでしょうか。授業で英字新聞を読んでいたのですが、今までのように単語を発音するのではなく、その形で捉えて読んでいることに気づいたのです。それも一語一語ではなく、五センチくらいまとめてパッと目に入ってくるのです。そのうえサッと見ただけで、自分の知らない単語のところに目が止まるようになり、グングン読むスピードが増していくのが、はっきりとわかるようになりました。

辞書を引く速さも、以前とは比較にならないほど。捜している単語が、パッと開いた瞬間に目に入ってくるような感じなのです。

日本語のほうはその頃、一分間に五〇〇〇～六〇〇〇字をこなせるようになっていました。

そしていよいよ十月、英検二級の試験に臨みました。自分なりに自信はありましたが、ここ一番というときにどうも緊張してしまう性質《たち》なので、それが少し気がかりでした。それに授業中でも、ちょっとした物音や、周囲の人間の言動が気にかかってしまい、授業に熱中できないことが多かったのです。

しかし、試験当日は自分でも不思議なほど冷静になれました。準備体操として丹田呼吸をしたのです。問題文を読みはじめたときには、もう周囲の音はほとんど消えていました。

結果は見事合格。初トライでしたので、気分爽快《そうかい》です。来年は英検一級に挑戦しますが、速読法の効果が授業や日常生活などいろいろなところに現われてきていますので、このまま続けていけば、必ず合格証書を手にできるものと信じています。

苦手な英文タイプが、学内の男子生徒のトップに

去年の十二月に受験した、通訳試験のときの体験は、いまだに忘れられない感激です。とにかくワラ半紙に三枚分、ほとばしり出るように日本語訳を書き込んでいったのです。

それはテープで流される英文を聞きとりながら日本語訳を書いていく試験だったのですが、問題が、一度授業でやったことのある例題だったのです。

授業のときには、まず一文を聞いて訳し、次に二〜三文をまとめて訳し、そして全体の半分を訳す、という具合に徐々に聞きとる量を増やしながら訳していくのですが、そのときにも、他の人たちが「えーっと、初めの文は何だったっけ」と考えている間に、私はまるで頭の中に録音テープでもあるように、すらすら訳を続けていけるのです。

そして、このときに記憶した訳語が、一カ月以上も経過した試験の当日に甦《よみがえ》ってきたのです。といっても、もちろん一言一言、〝てにをは〟まで正確にというわけではありません。全体のあらすじや5W1H、固有名詞などが、前後の狂いなく出てきたわけです。

この試験に関しては、全然勉強をしていなかったので、それが完璧にできたことは一も二もなく嬉しいには違いないのですが、ただ実際に試《ため》されている能力とはまるで異なった能力を用いて解答したわけですから、手放しでは喜べませんが。

もうひとつ、際立《きわだ》った効果を実感したのが英文タイプです。

だいたい男子では、このタイプというのが苦手科目のひとつに数えあげられるのですが、私も例に洩《も》れず、以前はタイプの前にすわっただけでイライラしていたものです。

単語をひとつ見ては打ち、またひとつ見ては打ちという具合で、そのじれったさといったらありません。

ところが、速読法を始めてからは、単語をひとつずつ拾うのではなく、一行、二行まとめて打てるようになり、三カ月もすると、そのスピードは、学内の男子生徒でトップになりました。友人たちは、その秘訣を知りたがって私に問い糺《ただ》すのですが、まだスーパー速読法のおかげだということは公表していません。

速読を始めた人がたいてい口にするのが、毎日コツコツと続けるトレーニングで本当に成果が上がるのだろうかという不安です。単純なトレーニングなので、とくに楽しいというわけでもなく、変化をすぐに体感できるわけでもないとなると、毎日費《つい》やす三〇分、一時間が果たして無駄になりはしないかと心配になってくるのです。とくに受験勉強中だとか、日々の仕事に追われていると、三〇分や一時間がもったいなくて、つい目の前の勉強や仕事を優先してしまいがちです。

しかし、この導入期が大切なのです。この時期は、とにかく時間の投資をしていると考えてください。毎日一時間という時間を投資し続けることによって、三〜四カ月後には、いえ人によっては一カ月足らずで、思ってもみないような大きな利息が返ってくるのですから。そうなれば、あとはどんどん利息が増えていくばかりです。読む速さ、理解力、記憶力、閃き、判断力と、さまざまなかたちであなたは時間を、費やした時間の何倍もの時間にして取り戻せるはずです。

もちろん、上達すれば基礎トレーニングは必要なくなるのかというと、そうはいきません。スポーツ選手と同じで、基礎トレーニングによって自分のレベルを保ち、本読みなどの実践によって、その成果を確認していくわけです。ただ、ある程度までいけば、毎日でなくとも、週に一時間のトレーニングだけで維持していけるようになります。それにその頃には、基礎トレーニングはすでに習慣のひとつとなっているはずですから、億劫《おっくう》になったり、不安を感じたりすることはないでしょう。

繰り返し言うようですが、まずは導入期のトレーニングを、不安や疑問を捨てて、毎日欠かすことなく、ひたすら信じて進めることです。そうしさえすれば、誰にとっても、決して費やした時間と労力が無駄になることはないのです。そして誰もが、大きな成果を手に入れたことに気がつくはずです。

(4)国家試験の短期合格にも最適
——情報処理二種、行政書士、宅地建物取引主任者などを次々に

スーパー速読法を、受験や、学校の試験に活用すれば、集中力や記憶力、判断力の増大のおかげで、信じられないほどの成果をあげられることは、お分かりいただけたでしょう。

よく、小・中学校の頭のよし悪しは、集中力の違いだといわれますが、それは、何も子どもに限ったことではないのです。大人になってからでも、集中力発揮のノウハウを身につけることによって、まったく新しい自分の力を開発することができます。

では次に、この能力を社会生活、仕事の場面に向けて、資格試験突破のために活かしている二人のビジネスマンをご紹介しましょう。一つの資格を取得するか否《いな》かが、きわめて大きな意味を持つことがあります。それによって、まったく人生が変わることも少なくありません。

情報処理二種の資格取得を半年足らずで達成

小林朝文《こばやしともふみ》さん（プログラマー）

集中力をつけて仕事に活かしたい

元来、私は集中力に欠け、何に対してもわりとおざなりにすませてきたところがありました。とくに仕事面において、ある目標を期間内に仕上げるという話になると、いつも追い込みがきかず、いい加減に片付けてしまうのです。

そんな自分の性質を、できれば改善したいとは思っていましたが、そう簡単に集中力などつくはずもありませんから、さして何の努力も払わずにいたのですが、たまたま駅で配っていたチラシを手にしたことで、大きな転機を迎えたのです。

今から一年半ほど前のことです。そのチラシには、スーパー速読法のことが書かれていました。「集中力がついて仕事や受験にも役立つ」というような内容のフレーズに、私の目は釘《くぎ》づけになってしまったのです。

そのとき、私はある建設会社の企画室に在籍し、住宅設備のデザインをしていたのですが、自分の腕に資格を持ちたくて、情報処理の免許を取ろうかと考えていた矢先でした。

この資格を取るためには、ふつう専門学校へ一年ほど通って勉強するわけですが、仕事をしながら通学するのは無理。かといって、独学でやるには、集中力のなさが障害になるにきまっています。そこで、ひとつ、この速読法を利用して、できるかどうか試《ため》してみようという気になったのです。訓練を始めて四ヵ月。人より多少ペースは遅かったようですが、一分間に三〇〇〇字までいきました。この数字は、私にとっては大満足でした。

もともと本はあまり好きではなく、読書の習慣も持ちあわせていませんでしたから、速く読むことよりも、その訓練によって引き出される集中力や記憶力の増大を狙《ねら》っていたからです。

効果はテキメンでした。まず集中力のすごさを体験したのです。机にすわって本をひろげ、丹田呼吸を繰り返しながら、じっとその本を見つめます。すると、周りの状況も音もすっかり遮断《しゃだん》され、本のページだけが見えてくるのです。これは大仰《おおぎょう》な言い回しではなく、本当に本の周辺が白くなってしまうのです。

どちらかと言えば私は神経質なほうで、周囲の環境にひどく左右され、小さな物音にも気が散っていたのですが、それを呼吸法でコントロールすることで、集中することができるようになりました。これをマスターする感覚は、ちょうど自転車に乗れるようになったときの感じに似ています。少し乗れたかな、何となくできそうだなと思っているうちに、ある日、自分の両足でペダルを漕《こ》いでいる自分自身を発見するわけです。

机に向かうときだけでなく、道を歩いていても電車に乗っていても、たえず呼吸法の練習を欠かしませんでした。細く長く呼吸することを常に心がけていました。

コンピュータ・プログラムを一目で読み取る

こうして生み出された集中力によって、まず必要なことをすぐに記憶することができ、それをいつでも思い出すことができるようになりました。そして、計算問題に対する迅速《じんそく》な判断力もつきました。この問題を解くには、どの方程式を用いればいいかということが即座にわかるのです。

また、この資格取得には、コンピュータに、速くかつ正確にプログラムを打ち込む能力が要求されるのですが、キーなど叩《たた》いたことのない私には、これは不安材料でした。

ところが、何度か練習しているうちに、ある日突然、A4サイズの紙に書かれているプログラムの内容を、その半分くらいまでなら、パッと一度見ただけで、ほとんど間違いなく打ち込むことができるようになりました。

その紙には文章だけでなく、数式や英語、グラフなどが書き込まれているにもかかわらずです。速読法を始めて四ヵ月半が過ぎた頃で、まるで電光石火のごとく、その技能をマスターする日が訪れたのです。

ただ、こうした素晴らしい記憶力や、計算問題への判断力も、自分の中にその基礎となるべき知識があってこそ、最大限に発揮できるものだと思います。何の知識も持たない分野の本を読んでも、たしかに言葉はいくつも暗記することができるでしょうが、それが果たして身につくものかといえば、これはかなり疑問です。まず基礎をしっかり理解したうえで、速読法による能力を活かして効率のよい学習をするべきだ、というのが私の意見です。

スーパー速読法の訓練の開始とほとんど時期を同じくして始めた情報処理二種の資

格取得のための受験勉強でしたが、通常一年かかるところを、その半分の半年で完了し、見事合格することができました。

これは会社の仕事と並行してやったわけですから、私にとっては信じられないほどの大成功だったのです。そして、これが私の人生に大きな自信と、新しい道しるべを与えてくれました。今は転職し、プログラマーとして、やり甲斐《がい》のある仕事をしています。

現在は、速読量もその頃よりはずっとアップし、一分間に一万五〇〇〇字から二万字をこなせます。無論、集中力にも一段と磨きがかかって、自分でも波に乗っているのがよくわかります。この勢いで、来年は情報処理一種も軽く突破し、高らかに凱歌《がいか》をあげようと、今からワクワクしています。

さて昨今、コンピュータは情報社会の必需品のようになっていますが、自在に使いこなせるまでになるには、いくつもハードルがあって大変だと感じている方は多いでしょう。

今《いま》田《だ》彰《あきら》さんも、そんなコンピュータ敬遠組のひとりでした。周りがどんどんコンピュータを使うようになっていく中で、ひとり取り残されたようにコンピュータと無縁の生活だったのですが、あるとき、以前から欲しかったものがネットショッピングに出ているのを友人から聞いて興味を持ち、触れてみたのがきっかけで、コンピュータをやってみようということになったのです。

そこでまず、コンピュータを購入したのですが、たいていはあの厚いマニュアルは脇に置いたまま、先達から聞きかじったり、書店にある参考書をのぞいたり、教室に通ったりするものですが、今田さんはまったくの初心者でありながら、いきなりそのマニュアルを読破したのです。

実は、彼は速読法を身につけていたので、それを読むのになんの抵抗もなかったようです。まるで初めての分野だったにもかかわらず、通読することでコンピュータというものの全体把握ができて、とてもスムーズにその世界に入っていけたと言います。

自分に必要なところを部分的に理解しているだけでは、全体が見えず、いつまで経っても上達しないものですが、はじめに全体像を摑《つか》むと、ディテールはそのあとからいくらでもついてくると、今田さんはその経験から断言します。そしてこの全体把握の能力も、速読によって培《つちか》われたものなのです。

彼は今、プログラマーとして忙しい毎日を送っていますが、もしはじめにマニュアルを通読することがなかったら、今もアナログ人間だったかもしれません。

速読法をマスターして、アッという間に四〇の資格試験に合格

木村正芳《きむらまさよし》さん

六つの資格試験の勉強を同時進行

今、日本には国家試験といわれるものが、一三〇〇くらいあります。このことを知ったとき私は、「エッ！　そんなにあるのか。それじゃあ、一生涯でどれくらい取れるかやってみようかな」と、妙な好奇心にかられて、早速、三つほど選び出し、とりあえず通信講座で参考資料を取り寄せることにしました。

大した意図はないのですが、大学時代に法律を少々かじっていたので、「宅地建物取引主任者」と「測量士補」、そして「経営法務士」、この三つを選びました。そして、その一カ月後には、新たに「衛生管理者」、「社会保険労務士」、「行政書士」の三つを加え、合計六つの資格取得のための勉強をしていたのです。

他人から見れば、まるで常軌《じょうき》を逸しているると思われるようなやり方ですが、私にとっては無茶なことではありませんでした。というのも、そのときの私には、スーパー速読法に裏打ちされた自信があったからです。

速読法の訓練に本腰を入れはじめたのが昭和六十年の一月、そしてこの遠大な計画に着手したのが四月。この数ヵ月の間に私の中に起きた現象は、まさに青天《せいてん》の霹靂《へきれき》ともいえるものでした。今まで味わったことのない、まったく未知の感覚との出会いだったのです。

表面的には、文字を読むスピードが一分間に五〇〇～六〇〇字から六〇〇〇字にアップしたということなのですが、その数字の上昇率よりも、「自分で意識を操《あやつ》れるようになった！」という実感が、私に不可能を可能にする術《すべ》を知らしめたようです。

つまり、集中したいときに即座に集中力を発揮でき、理解力、判断力、記憶力を全開することができるようになったのです。

これは、暗記しなければならない事柄の多い資格試験、国家試験には、とくに効力は大きいようです。

「宅地建物取引主任者」は、ふつう半年から一年かかって習得するところを三ヵ月で、また「測量士補」は専門学校に一年通学すれば取得できるのですが、それも三カ月で、同じく「経営法務士」も三カ月で習得し、資格を取りました。「行政書士」にいたっては、わずか二週間くらいでマスターできたのです。

もちろん、それと並行して、速読法の訓練も欠かしません。

一日は二四時間しかないのに、そんなに多くのことを同時進行できるわけがないと思われるかもしれませんが、時間的には、それぞれ一日三〇分ずつの勉強でこなしていけるのです。

それにいくつものジャンルのまったく違う勉強を同時進行していても、ちっともこんがらがらないのです。頭の中に整理ダンスができていて、これはこっちの試験用、これはこっちの試験用と、しっかり区分ができ、必要なときには、間違いなくその引出しから、習得したものをすぐに取り出すことができるのです。

こうして資格取得の勉強を始めて三カ月が過ぎた頃、速読にも目を見張る飛躍がありました。なんと一分間で七万字というラインまで到達したのです。本のページにすれば約一五〇ページ。わずか半年あまりの訓練の成果なのです。

部屋を真暗にして、ろうそくの炎で呼吸法の訓練

私は、自分がここまでやれるなんて夢にも思いませんでした。速読法を始めた当初、私は講習会の落ちこぼれだったのですから。

まわりの人たちはどんどん見える（読める）ようになり、ページをめくる手も速くなっていくのに、自分だけはちっとも先へ進まない。講習会が終わってから、皆、口々に「今日は文字がはっきり見えた」などとその成果を話し合っているのに、私には、何もこれといった状態の変化はありませんでした。

それでも二週間ほどで二〇〇〇字まで読めるようにはなりましたが、これから先がまるで八方塞《はっぽうふさ》がり。それ以上はなかなか上達しないのです。

そのとき、ふと気がついたのですが、私は速読の訓練をまったく他力本願でやっていたのです。ともかく講習会に出て言われたとおりにやっていれば何とかなるだろうとか、このシステムがひととおり終わればマスターできるんだろうと、虫のいいことを考えていたのです。同時に、人と足並みを揃《そろ》えてできない自分に嫌悪感《けんおかん》も感じていました。結局、速読法を自力でマスターしようという意欲に欠けていたわけです。

そこで、何とかこの状況を打開しようと、自分なりに訓練の方法を模索《もさく》してみまし

た。

そして坐禅のときに用いるろうそくで試してみようと思いついたのです。部屋の雨戸を閉めきって中を真暗にし、真ん中に一本のろうそくを立てて、じっとその炎を見つめるのです。私は胡坐《あぐら》をかけないので正座をし、丹田呼吸を繰り返しました。これを毎日三〇分間続けるのです。

初めは炎を目でしか捉《とら》えられませんが、何日か経つと、その炎が自分の中に入ってくるような感じになるのです。この感覚は、後に速読で文字が目に飛び込んでくるようになったときの感覚と同じものでした。炎との距離感がなくなり、そのゆらめく形や色の微妙な変化がはっきりと分かり、あたかも炎と一体となったかのようでした。

この訓練によって「見える」というきっかけをつかみ、音読の壁も一気に飛び越えることができましたし、集中力をコントロールする方法も体得しました。

「わっ、オレってすごいんだ！」

そんな自信が生まれ、毎日の訓練が楽しくて仕方ないのです。

また、六〇〇〇字くらいのレベルに到達した頃は、よく友だちの前でやってみせたりもしました。その驚きぶりを見るのがおもしろくて、ますます訓練に熱が入ったものです。

それまで何をやっても、いつも中途半端で投げ出していた私にとっては、これは人生最大の転機だったと言えるかもしれません。

こんな私を見て、この一年で母のログセも変わりました。いつも顔を見ては、「ほんとに落ち着きのないチャランポランな子だね」とこぼしていたのですが、今では、「年齢《とし》に似合わず落ち着いてきたわね」と言うのです。

これもスーパー速読法の副産物なのです。

能力の限界は、自分で勝手に作っているだけだ

〝受験突破〟〝成績アップ〟を果たした方々の体験談をご紹介しましたが、けっしてこれは特別な例ではありません。大なり小なり、誰もが自分の掲《かか》げた目標に向かって、今までにない新たな世界を展開しているのです。

速読法をマスターした人が、本のページを流れるようにめくっている姿を見て、「あんなことは私にはできない」と感じる人は、自分で自分の能力の範囲を勝手に作ってしまっているのです。

たとえば、職場の中でも営業能力には長《た》けているのだが、どうも伝票整理などのデスクワークは苦手だとか、また学生さんなら、理数系には強いんだけど、英語はからっきしダメだなどと、頭ごなしに決めつけてしまってはいませんか？

でも、このような〝能力の限界〟は、ほとんどが大して実行もしていないままに、自分自身が勝手に引いてしまった境界線なのです。そしてその外《ほか》のことにはまったく手も出さなければ、興味も示さない。できる範囲の中で人生を送っていく。これでは、自分の器《うつわ》は知らないうちにどんどん小さくなってしまいます。

かりに今、目の前に五メートルの川があったとします。これを飛び越えてくださいと言うと、「いや、ちょっとこれは無理ですよ」とか、「五メートルなんて今まで飛んだことがないからダメですよ」と答えるのが常でしょう。

しかし、私たち人間が本来持っている能力を出せば、五メートルの川だって飛び越えることができるはずです。つまり、ふだんは使わないから忘れられてしまっている能力、眠っている能力を引き出す適切な方法に基づいた訓練さえ積めば、今、不可能なことだって必ず可能になるのです。まず、「きっとできるに違いない」「必ずや果たしてみせるぞ」という信念を、自分の意識の中にうえつけ、未知の能力を素直に信じることから始めなければばいけません。

私たちの指導している速読法とは、そうした常識のワクを打ち破り、自分では気づかなかった潜在能力を目覚めさせ、活用することに眼目を置いています。そしてこうした能力は、どんな人にでも備わっているのです。

疑っていては始まりません。できると信じれば必ず習得できるのです。「為《な》せば成る、成らぬは人の為さぬなりけり」です。速読法を身につけたときに出会う素晴らしい世界を目指して、あなたも今日から挑戦してみてください。

2章　スーパー速読・短期習得プログラム

——この方法で、一〇日で五倍、一カ月で一〇倍の量が読める

最大のコツは、「自分にもできる」と信じること

これからいよいよ実際のトレーニングに移るわけですが、トレーニングの最中、特に独習の場合には、「こんな訓練で本当に速読ができるようになるのか」という疑問や不安が生じることがあるかもしれません。しかし、迷っていては、潜在能力は引き出せません。あなたの進んでいる道は正しいのです。「自分にもできる」という信念を持って訓練に励んでください。そうすれば、きっと自分でも驚くくらい目に見えて上達します。

さて、本書の訓練は段階に応じて、《ステップ1》から《ステップ4》まであります。もちろんだんだんレベルが高くなりますので、順番どおりに進んでいってください。各ステップの一分間の目標と訓練期間の目安は次のとおりです。

《ステップ1》二〇〇〇字以上　一〇日間
《ステップ2》四〇〇〇字以上　二〇日間
《ステップ3》六〇〇〇字以上　三〇日間
《ステップ4》一万字以上

上達のスピードには、個人差が結構あります。早い人は二週間ほどで、いっきに五〇〇〇字くらい読めるようになりますが、一カ月間、二〇〇〇字のレベルで低迷していなが

ら、いっきに一万字近くまでアップする人もいます。

訓練期間はあくまでも目安にすぎません。これにとらわれず、自分の上達レベルに合わせて訓練を続けてください。

《ステップ4》に期間を示していないのは、〝無限〟という意味からです。韓国では、一分間に一〇〇万字以上読む少年がいます。また、読む字数が増えなくとも、訓練を続けることによって、速読以外の分野でも、集中力や記憶力が役立ってきますから、「これでよい」という終点はないのです。いつまでも向上心を持って訓練をしていきたい、そういうことです。

また、「私は人の二、三倍速く読めればいい」などと安易に低い目標を設定しないこと。目標は最低でも一万字以上でなければなりません。さもないと、訓練に身が入らず、充分に潜在能力を活性化することができないのです。訓練図は、日本速読協会で開発、使用しているものを縮小して掲載しています。実寸のものを自分で作成するか、日本速読協会発行のものをご使用ください。

では、トレーニングの前に、現在の自分の能力をチェックしておきましょう。

《ファースト・チェック》

カリキュラムに入る前に、現在のあなたのデータを記録しておきましょう。そして、自分の目標を設定してください。チェックの内容は次のとおりです。また、ある程度訓練が進んだら、何度か中間チェックを行ない、自己診断してください。

①視力検査

トレーニングによって、視力はアップします。現在の視力を記録しておきます。

②読書速度

現在のあなたは、一分間に何字読めるでしょうか。姿勢を正しくして、ふだん自分が読む速度で読んでみてください。あせる必要はありません。用意する本は、専門書ではなく、軽い読物など、誰でも読める内容のものがよいでしょう。一分間に六〇〇字前後の人が多いようです。

③記憶力

②で読んだ文章、つまり一分間で読んだものの内容を思い出して、単語や熟語が何語

書き出せるでしょうか。読後、一分間で思い出せるだけ書き出してみてください。

④理解度

優、良、可の三段階で自己採点してください。これは自分では数値に置き換えられませんので、感覚的なものでかまいません。

⑤最終目標

カリキュラム修了時に、一分間に何文字読めるようになりたいかを決めておきます。前述のとおり目標はできるだけ高いほうが、訓練の励みになります。

ファーストチェック　年　月　日	
①視力検査	右(　　　) 左(　　　)
②読書速度	1分間で (　　　)字
③記憶力	(　　　)語
④理解度	優・良・可

最終目標(　　　)語

中間チェック　年　月　日	
①視力検査	右(　　　) 左(　　　)
②読書速度	1分間で (　　　)字
③記憶力	(　　　)語
④理解度	優・良・可

中間チェック　年　月　日	
①視力検査	右(　　　) 左(　　　)
②読書速度	1分間で (　　　)字
③記憶力	(　　　)語
④理解度	優・良・可

《ステップ1》一分で二〇〇〇字〜三〇〇〇字（一〇日間）

(1) 読書効率大幅アップコース

一日に四〇分、一〇日の訓練で、三〜四倍のスピードに

《ステップ1》では、一分間に二〇〇〇字から三〇〇〇字くらいまで読めるように訓練します。訓練を始める前の普通の人の読書スピードは、一分間に六〇〇字程度。早い人でも一〇〇〇字くらいですから、一〇日間の訓練で約三倍から四倍のスピードがつくのです。

《ステップ1》の訓練は、途中の休憩時間を含めて、約四〇分間でできるようにプログラムされています。しかし、同じ四〇分間でも、ただ漫然とカリキュラムを消化するのと、全力で取り組むのとでは効果がまったく違ってきます。

訓練は、時間が大切なのではありません。いかに自分の持っている力を、最大限に引き出すかが問題なのです。

それぞれの訓練には、おのおの目標があります。その目標に到達できなかった場合には、もう一度最初からやり直すぐらいの気概を持って取り組んでください。

たとえ一分間の訓練といえども、全力を尽くせば相当疲労するものです。休憩は訓練と同じくらいに大切ですから、インターバルでは、充分にリラックスするよう心がけましょう。リラックスする時間があってこそ、短い訓練時間のなかで全力が発揮できるのです。

1 丹田《たんでん》呼吸法

呼吸法こそ、無意識の世界への入口

スーパー速読法の基本は、この丹田《たんでん》呼吸法です。なぜ速読と呼吸法が関係あるのかと、疑問を抱く人もいることでしょう。

一分間に数千字のスピードで本を読み、理解し、記憶するために何よりも大切なのは集中力です。この基本なくしては、速読は身につきません。

燃えさかる炎のなかで「心頭滅却《しんとうめつきゃく》すれば火もまた涼《すず》し」と喝破《かっぱ》した快川《かいせん》和尚の話は有名ですが、そんな境地はほど遠いにせよ、丹田呼吸法を訓練すれば、誰でも集中力が体得できるものです。

人間の体は、自分でコントロールできるような気がしていても、なかなか思いどおりには動いてくれないものです。食物を摂《と》れば、胃や腸が消化液を分泌し、蠕動《ぜんどう》を始めます。心臓は本人の意志とは無関係に鼓動しています。激しい運動の後には、活動を活発にして新鮮な酸素を含んだ血液を全身に流してくれます。

このような無意識の肉体の活動は、自律機能と呼ばれていますが、あくまで人体が生存のために自然に行なっている活動で、本人の意志とは関係がありません。どんな人でも、自分の意志の力だけで、心臓の動きを止めることはできません。

しかし、自律機能のなかで、呼吸だけは意志の力によってコントロールが可能です。もちろん何十分も止めたりすることは不可能ですが、意識的に速くしたり、遅くしたり、また一時的に止めたりすることは可能です。このように無意識と意識の両方が支配している呼吸にこそ、自我没入（無意識）の世界への入口があるのです。

丹田呼吸法は、この点を踏まえた、最も簡単な集中力トレーニング法なのです。誤解のないように付け加えておけば、私たちは、なにも丹田呼吸法にこだわっているわけではありません。要は、心と体がリラックスして集中力の高まる状態が作り出せればよいのです。

ですから、ヨガのスクールに通っている方は、ヨガ式のゆったりとした呼吸法でかまいませんし、坐禅を長年やっているという方は腹式呼吸そのままでもけっこうです。大切なのは、全身の力を抜き、集中力の高いベストコンディションを作り出すことなのです。

丹田呼吸の「丹田」とは、東洋医学の用語で、ヘソのあたりのことをいいます。普通、上・中・下の三つの丹田に分類されますが、丹田呼吸の場合は、下丹田《しもたんでん》、すなわちヘソから約八センチばかり下の部分のことをいいます。

下丹田は、東洋医学では、体の根本ともいうべき重要な部分です。古くから、ここに力を蓄《たくわ》えれば、健康と勇気が自分のものになると言われていました。ここへ六秒かけて新鮮な空気をたっぷり送り込み、一二秒かけてゆっくり吐き出すのが丹田呼吸です。

普通、一分間の呼吸回数は一七回ぐらいですが、丹田呼吸は三回から四回のスローペースです。そしてこのスローペースによって生み出される無意識の世界こそが、あなたの雑念を取り払い、静かな心と集中力を生み出してくれるのです。では、訓練に入りましょう。

◉丹田呼吸訓練法（一日ワントレーニング、一分間×二回）

①背すじをまっすぐに伸ばし、アゴを引いてすわります。椅子《いす》でも正座でもかまいませんが、頭のてっぺんで天井を支えるつもりになってください（95ページ図参照）。

②目を閉じて、全身の筋肉から力を抜きます。もし、すわりごこちが落ち着かないようなら、リラックスできる姿勢にすわり直してください。

③呼吸はあくまで静かにします。意識的に口の形をつくったり、音を立てるような激しい呼吸をしてはいけません。額《ひたい》や頰《ほお》、唇の力も抜いてください。鼻から吸い、鼻から吐くようにします。

④細く、長い深呼吸で、六秒くらいで吸い、その倍の一二秒くらいで吐いてください。肺活量の少ない女性や小学生なら、四～五秒で吸って、八～一〇で吐くようにします。相当ゆっくりしたペースなので、最初は苦しいかもしれませんが、慣れれば誰にでもできます。

⑤ゆっくりと息を吐き出しても、吸った空気の三〇パーセントくらいが下丹田に残っているようイメージを描いてください。本当は吸った空気のほとんどを吐き出しているわけですが、下丹田に新鮮な空気が残っているようなイメージを描くわけです。

最初は、心の中でカウントしてもよい

ゆっくりとしたペースの丹田呼吸で、自律神経が活性化し、心身が安定します。そして雑念が消え、集中力が高まります。

始めて間もない頃は、雑念を振り払わなければならないと意識してしまって、呼吸に集中できないことがあります。また、六秒、一二秒という時間にばかり気を取られて、自分なりのペースを見失ってしまうこともあるものです。

そのため、最初は、いきなり雑念を消そうなどと考えないほうがいいでしょう。いくら「静かな心、静かな心」などと念仏のように思ってみたところで効果はありません。そればかりか逆にイライラしてしまって、いつまで経っても、安定した精神状態が得られなくなってしまいます。

最初の段階では、頭のなかで、数を数えてもかまいません。そのカウントも、正確に一秒を刻《きざ》む必要はありません。個人個人に合った呼吸が大切なのですから、個人差を無視して、絶対に六秒で吸わなければならないと考えるのは、逆効果でしかないのです。

何日か続けているうちに、無意識のうちにゆったりとした呼吸ができるようになります。この呼吸法が身についてしまえば、自然にカウントの必要もなくなってきます。

1. 丹田呼吸法（2分間×2回）

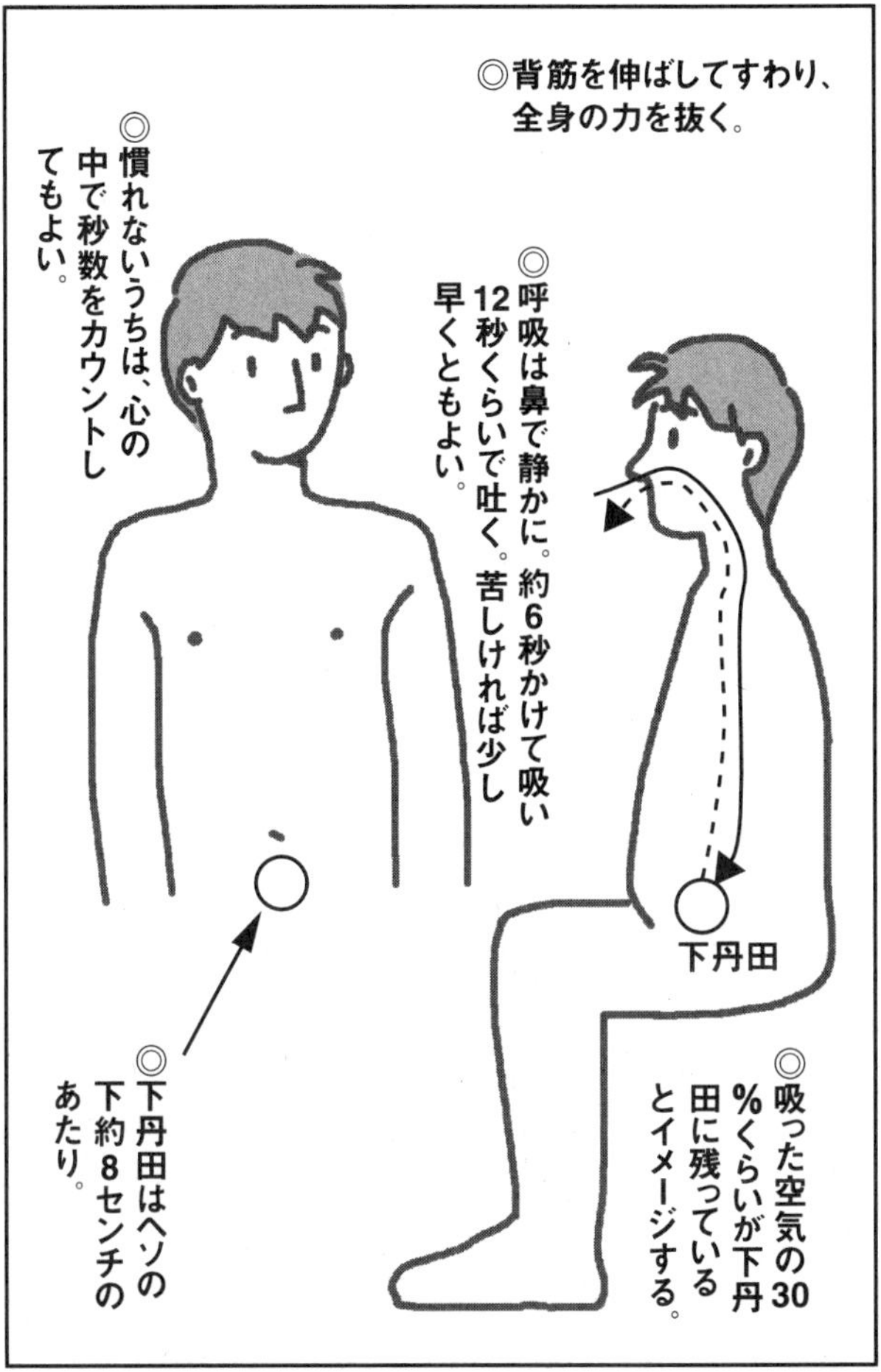
◎背筋を伸ばしてすわり、
全身の力を抜く。
◎呼吸は鼻で静かに。約6秒かけて吸い
12秒くらいで吐く。苦しければ少し
早くともよい。
◎慣れないうちは、心の
中で秒数をカウントし
てもよい。
下丹田
◎吸った空気の30
%くらいが下丹
田に残っている
とイメージする。
◎下丹田はヘソの
下約8センチの
あたり。

最初から、あまり長い時間訓練をしようなどとは、考えないようにしてください。大切なのは、短い時間に、いかに訓練に没頭できるかということです。長時間ダラダラとやっても効果は期待できませんから、タイマーを用意しておいて、二分後に合図するようにセットしておくのも、ひとつの方法でしょう。

「あれ、もう二分も経ってしまったのか」と思えるようになれば、しめたものです。呼吸に没頭しているときは、時間が短く感じられますし、周囲の雑音も気になりません。

丹田呼吸は、職場でも、電車のなかでも気楽にできるものです。「さあ、訓練をするゾー」などと身構えずに、ちょっとやってみようか、と気軽に行なってみてください。机に向かって勉強や仕事をする前に、必ず行なうように習慣をつけておくのもよいでしょう。

ただ、一分間に二〇〇〇字から三〇〇〇字を目安にしている《ステップ1》は、丹田呼吸を完全にマスターしていなくともクリアーできます。もちろん、マスターしてしまうに越したことはありませんが、《ステップ2》以降でも訓練を続けますので、完全にできないからと、ここで立ち止まってしまう必要はありません。

《ステップ1》では、心静かに、細く長い呼吸を心がけることが大切で、完全にできないからといって、悲観することはまったくありません。

2　一点集中法

視覚の集中力を最大限に発揮させる

丹田呼吸法の訓練を二分したら、次は一点集中法に移ります。これは小さな黒点を、まばたきをせずに、じっと凝視《ぎょうし》する訓練で、これによって精神のエネルギーを高め、視覚の集中力を最大限に発揮させます。丹田呼吸では、静かで安定した無意識の状態を目指しますが、それは人間の内部でひとつの強力なエネルギーに転換されています。これが集中力の源泉なのですが、そのエネルギーを自分の内部から引き出し、外部の小さな黒点に集中させるのが、この訓練の目的です。

この訓練を積むと、不思議なことに視覚の集中力が高まるばかりでなく、忍耐力や精神的な持久力までが備《そな》わってきます。集中力を備えた精神は、外部からの刺激に対しても、それだけ強靭《きょうじん》さを持つのだということでしょう。

また、この訓練によって、小さな活字でも大きくはっきり見えるようになりますから、速読法には欠かせないものなのです。

◉一点集中法訓練（一日ワントレーニング、一分間×二回）

①丹田呼吸のときと、同じ姿勢をとってください。アゴを引き、目をやや大きく開いて、まばたきをせずに黒点を見つめます。
②黒点は大きく、はっきり見える、と自己暗示をかけます。
③呼吸は、丹田呼吸です。ただし、最初の頃は、頭のなかでカウントしていると、黒点へ意識を集中することができなくなりますから、凝視を優先します。呼吸時間はあまり意識せず、ゆっくりした呼吸を心がける程度でもいいでしょう。
④黒点は、最初は直径一センチくらいの大きなものを用意します。まばたきをせずに見つめられるようになったら、徐々に小さなものに取り換えるようにしましょう。だいたい四日くらいで慣れてくるので、その頃を目安にして取り換えてください（次ページ図参照）。

黒点の周囲が白く光ってくればＯＫ

精神を集中して黒点を見つめていると、黒点の周囲が、太陽のコロナのように白く燃えているように見えてきます。これはかなり視界がはっきりしてきた証拠です。黒点全体に

2. 一点集中法（1分間×2回）

◎目と訓練図の距離は、30〜40センチ。
できるだけまばたきをせずに。

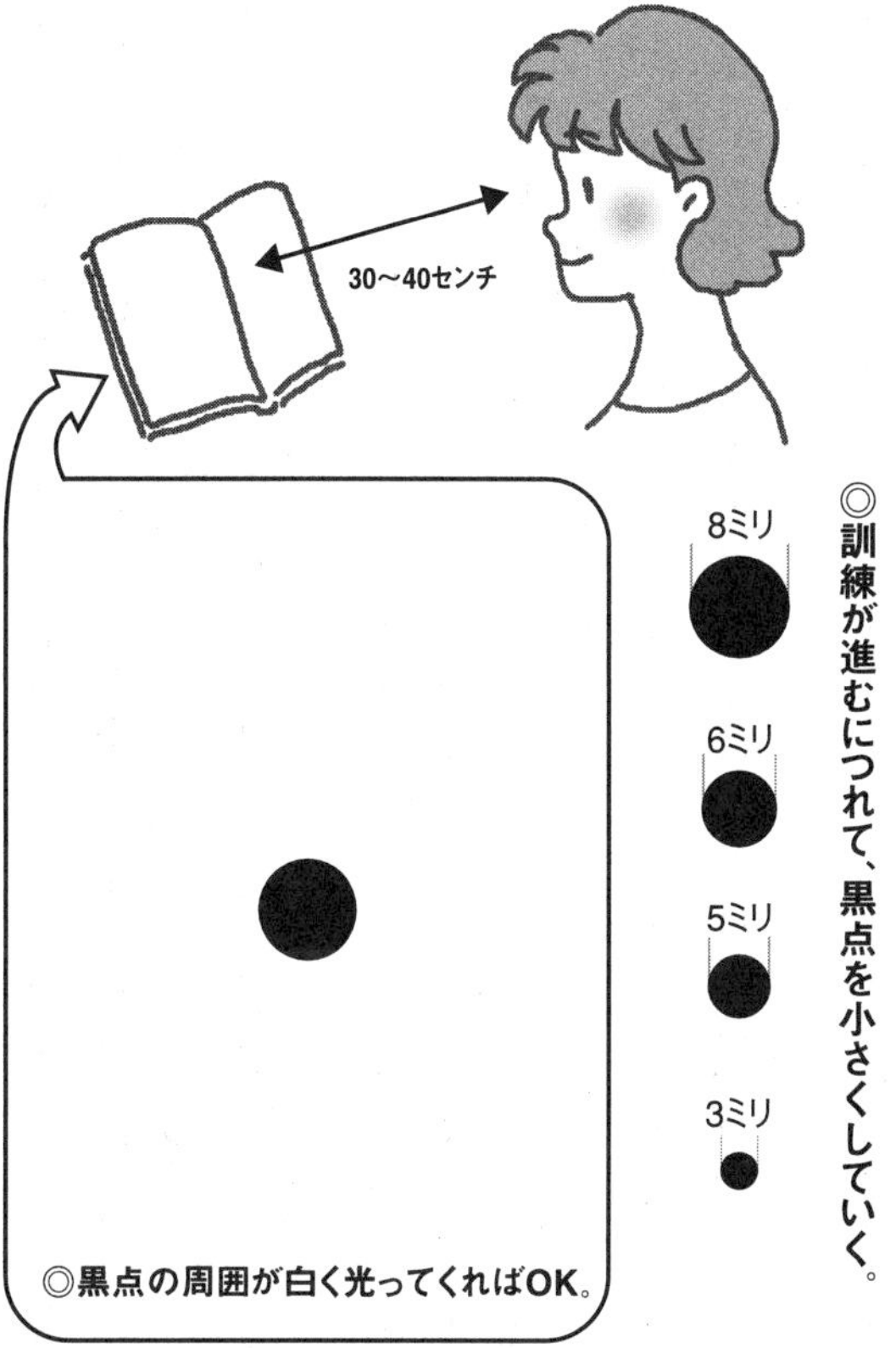
30〜40センチ
8ミリ
6ミリ
5ミリ
3ミリ
◎訓練が進むにつれて、黒点を小さくしていく。
◎黒点の周囲が白く光ってくればOK。

白い光がかかるようになれば大成功だといえるでしょう。

白い光が見えても、それが黒点の一部でしか光らないこともあります。そんなときは、黒点のなかで視点が定まっていないのです。小さな黒点のなかで、視点があちらこちらに移動しているので、まんべんなく見えるはずの光が片寄ってしまっているわけです。

その場合には、黒点の中央に、針で小さな穴を開《あ》けて、そこに視点を集中させるようにするとよいでしょう。

訓練を終えたら、静かに目を閉じて、全身をリラックスさせてください。緊張の後には、全身を弛緩《しかん》させてこそ、次にまた新たな集中力が湧《わ》いてくるのです。目の周囲の筋肉は、目を大きく見開くことで、いささか疲れていることでしょう。ちょっと激しいくらいに、まばたきをして、普段は使わない筋肉をほぐしてやることも大切です。

この訓練も、丹田呼吸法と同様に、どこでも折りに触れ行なうことができます。日本速読協会の会員の方のなかには、トイレの壁に黒点を書いた紙を貼りつけ、毎朝、トイレのたびに訓練したという人もいます。

また、慣れてくると、黒点でなくてもできるようになりますので、視野に入るものなら何でも利用することができます。

3　集中力左右移動法

眼球の移動訓練は、コンタクトを使用しないこと

日本語は縦書きですから、視野も必然的に上下に移動させなければなりません。けれども、人間の目の構造は上下よりも左右に動かしやすくなっています。これは眼球を動かしている眼筋のつき方によるものですが、世界中の言語の多くが横書きなのも、この眼の動きに関係があるのかもしれません。

それはさておき、自分で眼球を上下左右に動かしてみると、上下より、左右のほうがずっと速く、そしてスムーズに動かせることがわかります。考えてみれば、人間の眼は、ヨコに二つ並んでいるのですから、これは当然のことだといえるでしょう。

そこで、比較的スムーズに動かせる左右の動きから鍛《きた》えていきます。なお、激しく眼球を動かしますから、コンタクトレンズを使用している人は、訓練の間だけ、眼鏡にかけかえてください。

◉集中力左右移動法訓練（一日ワントレーニング、一分間×二回）

①姿勢は丹田呼吸と同じで、背筋を伸ばしてすわります。訓練中は、丹田呼吸を続けてください。

②訓練図との距離は、三〇～四〇センチ取ります。図の中央に鼻筋がくるようにします（次ページ図参照）。

③矢印にそって、視点を素早く移動します。途中で視線が止まらないよう、スムーズに移動できるよう心がけます。

④一分間のなかで、できるだけ早く反復できるようにしてください。下までいったら、また上に返って何度も繰り返します。

⑤視線の動きにつれて、顔が動くと眼球の移動は小さなものとなり、眼球を大きく動かす移動訓練になりません。顔が左右に動くことがないよう充分に注意しましょう。

丹田呼吸よりも視線の移動を重視してよい

トレーニングを始めたばかりの人は、丹田呼吸と同時に視線を動かすと、呼吸のリズムが乱れてしまいます。また、正しい丹田呼吸をしようと思っていると、どうしても、視線

3. 集中力左右移動法（1分間×2回）

◎訓練図の大きさは、縦13センチ、横23センチ。黒点の大きさは直径8ミリ、黒点間（上下）は22ミリくらい。

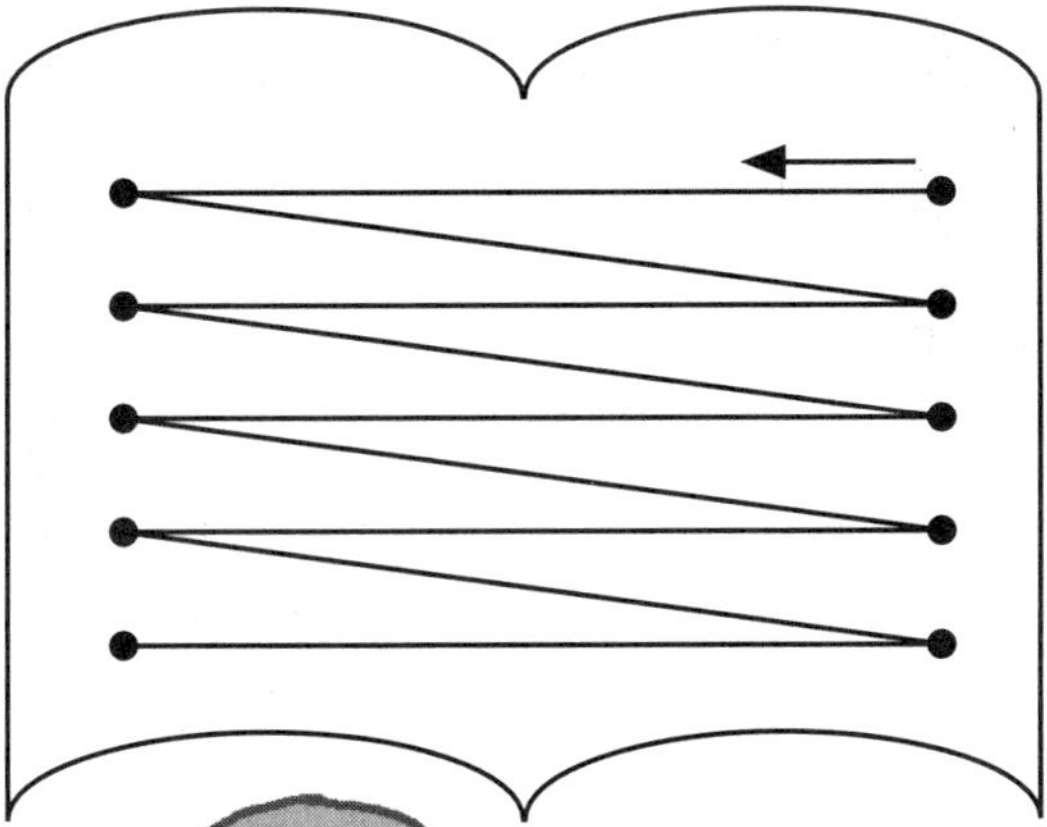

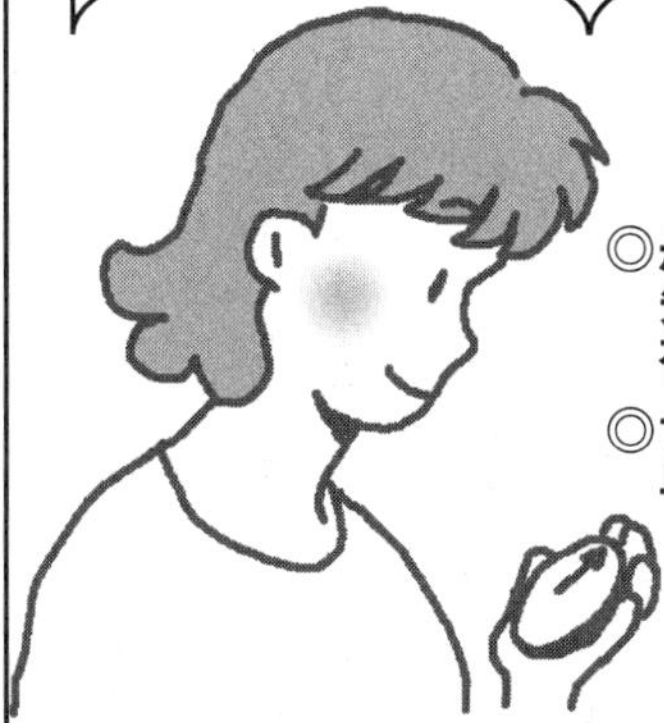

◎丹田呼吸をしながら、矢印にそって、素早く視点を移動させること。

◎1分間で、できるだけ早く、反復して行なう。

の動きが鈍《にぶ》りがちになってしまいます。

そんな場合は、呼吸を気にせずに、視点の移動だけに集中してください。最初から無理に両方やろうとすると、どちらもないがしろになってしまい、効果があがりません。

丹田呼吸は、すぐには自分なりのリズムが身につかないものです。あせらずに、トレーニングを続けていれば、いつか、自然に両方を同時にこなしている自分に気がつくことでしょう。

この本の訓練図は、黒点と黒点の間に実線が引いてありますが、訓練が進むにつれて、破線、点線、無線へと移行します。《ステップ1》では、実線だけを使用してもかまいません。

4　集中力上下移動法

涙目、目の充血は、休憩で自然回復する

さて、縦書きの多い日本語で速読をマスターするには、視野を上下に拡《ひろ》げる必要があります。日本語での読書に慣れているとはいっても、左右に移動するようにスムーズには眼

4. 集中力上下移動法（1分間×2回）

◎訓練図の大きさは、縦16センチ、横11センチ。黒点の大きさは直径8ミリ、左右の黒点間の距離は16ミリ。

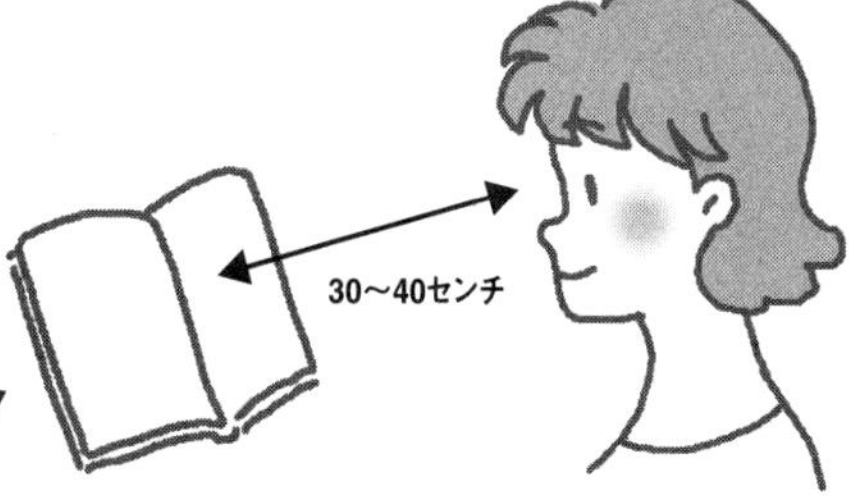

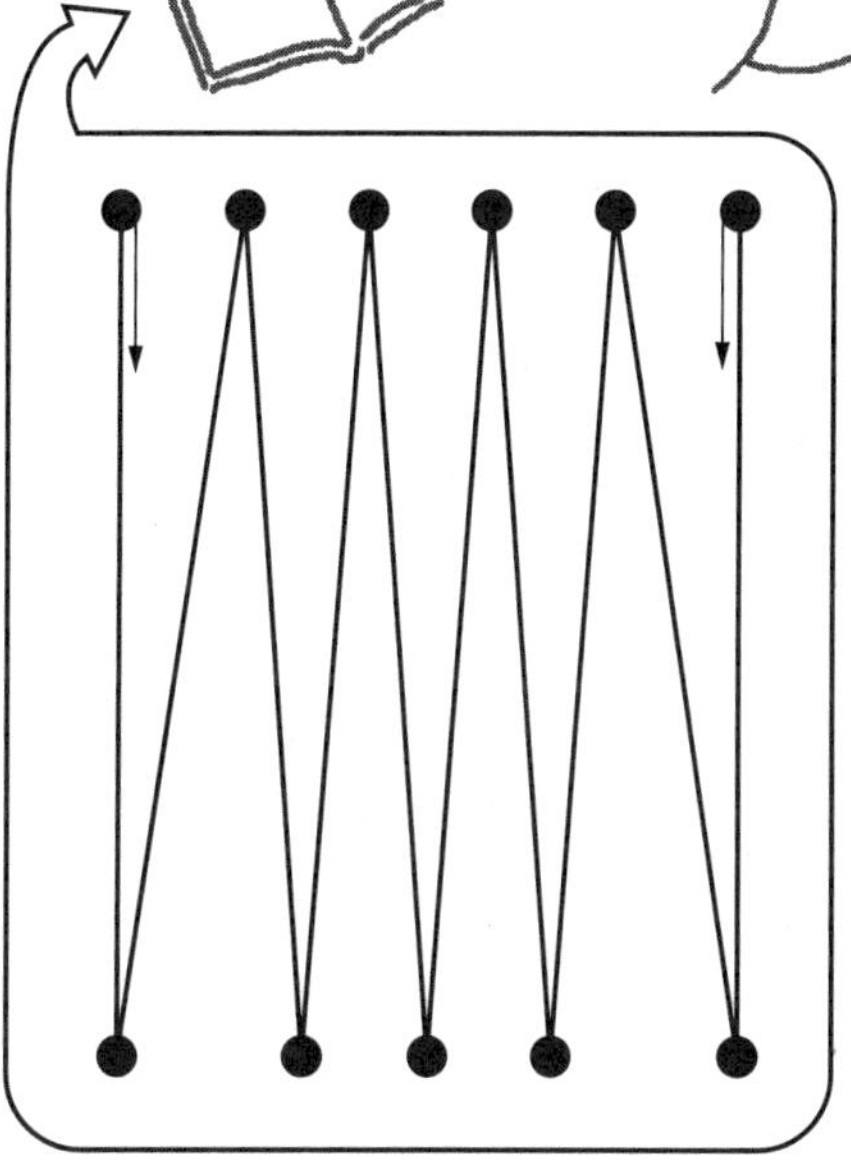

◎丹田呼吸をしながら、矢印にそって視点を素早く移動させること。顔を動かさないよう注意。1分間で、できるだけ早く、反復して行なう。

が動いてくれません。

何日か訓練を積むうちには、普段使わない眼筋を使うために、眼が赤く充血したり、しょぼしょぼと涙が流れることもあります。こんなときは、144ページに述べる眼のマッサージを行なってください。

眼球を動かしている筋肉は、内直筋《ないちょくきん》、外直筋《がいちょくきん》、上直筋《じょうちょくきん》、下直筋《かちょくきん》、上斜筋《じょうしゃきん》、下斜筋《かしゃきん》の六本がありますが、日常生活では六本全部をフルに使うことはあまりありません。しかも、都市で生活している人にとって、周囲はビルばかり。遠くを眺めて、普段使わない眼筋を動かす機会も少ない状況です。そのため、訓練で慣れない動きをすると、眼が充血したりするわけですが、これはたんに一時的な疲労にすぎません。トレーニングを積み、充分な休憩を心がけていれば自然に回復します。

スポーツで体の筋肉を鍛えると、しばらくは筋肉痛のあることがあります。しかし、痛みがおさまったとき、筋肉は以前にもまして鍛えられています。眼球のトレーニングでも、これと同じことがいえます。実際、速読協会の調査では、訓練前と比較して、会員の視力は平均〇・二あがっていますし、白内障が治ったという報告がいくつもあるぐらいです。

眼が疲れたら、充分に休憩をとって、眼を休めること。ムリをせず、毎日、少しずつでもよいから、続けて訓練するのがコツです。

◉集中力上下移動法訓練（一日ワントレーニング、一分間×二回）

①丹田呼吸の姿勢をとります。訓練中は丹田呼吸を続けますが、左右移動法と同じで、最初のうちは呼吸にこだわらず、眼の移動にウェイトを置きます。

②訓練図を顔の正面に置き、図の中央に鼻筋を合わせます。訓練図との距離は、三〇〜四〇センチが適当です（105ページ図参照）。

③上から下へ視点を素早く移動させます。途中で視点がもたつかないよう、スムーズに動かしてください。

④時間は一分間です。その間にできるだけ速く、何度も反復して行ないます。

⑤視点の移動につられて、顔が動くことのないように注意します。顔を動かしてしまうクセのある人は、両手をそっと頬に当て、眼球だけを動かせるように訓練します。

（この訓練の場合も、先ほどの左右移動法と同じように、実線から始め、しだいに、破線、点線、無線へとグレードアップするとよいでしょう）

5 集中力円移動法

眼筋の疲れを取る方法

眼球を上下、左右に連続して素早く動かすなどということは、めったにありませんから、眼がびっくりして、いささか疲れたことでしょう。次に眼筋の疲れをとるための整理運動の意味で、集中力円移動法の訓練に入ります。この訓練は、実際の速読で眼に疲労を感じたときにも応用できますし、長時間の読書や仕事で疲れたときにも有効ですから、そんなときにも気楽に応用してください。

◉集中力円移動法訓練（一日ワントレーニング、四〇秒間×二回）

①丹田呼吸の姿勢をとり、訓練中は丹田呼吸を続けてください。

②訓練図を顔の正面に置き、図の中央に鼻筋を揃えます。訓練図との距離は三〇〜四〇センチが適当です（次ページ図参照）。

③目をやや大きく開き、円の上部にある黒点から出発して、円にしたがって時計回りに視

5. 集中力円移動法（40秒間×2回）

◎訓練図の大きさは、円の直径12センチ、黒点の直径5ミリ。うまくいかない人は、線を太くするとよい。

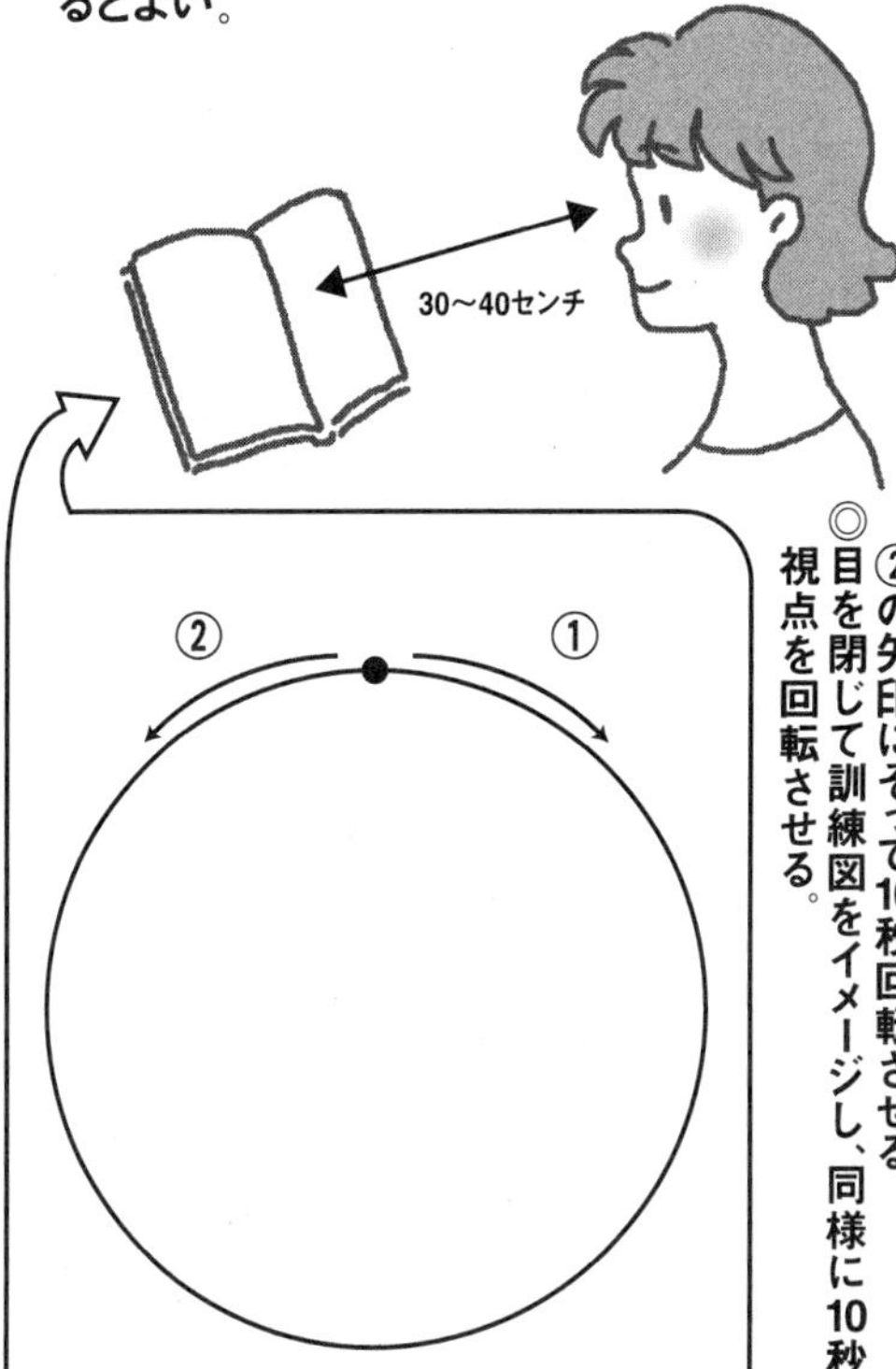

◎丹田呼吸をしながら視点を①の矢印にそって10秒、②の矢印にそって10秒回転させる。

◎目を閉じて訓練図をイメージし、同様に10秒ずつ、視点を回転させる。

点を移動します。一〇秒をひとくぎりとして、その間に、できるだけ速く視点を回転させてください。

④次に、同じように黒点から出発して、今度は逆回りに視点を移動します。これも一〇秒間で、その間にできるだけ速く視点を回転させます。

⑤今度は目を閉じて行ないます。訓練図を頭に描きながら、時計回りに一〇秒間、逆回りに一〇秒間です。

(円移動法では、最初はスピードよりも、忠実に円を追うように気をつけてください。もちろん顔を動かしてはいけません。また、前の訓練と同様に、実線から破線、点線、無線へとグレードアップしますが、円のイメージを頭のなかで描いていれば、楽に無線へとレベルアップできます。なお、この運動は近眼・老眼などの防止・矯正に卓効あり)

6　記号トレーニング

文字をブロックで見ていくのが、速読のコツ

これまでの丹田呼吸法と集中力の訓練は、速読法のための基礎トレーニングですが、これからいよいよ実践的なトレーニングに入ります。

速読法をマスターするためには、たんに視覚機能をアップするだけでなく、本のページを、ひとつの意味のブロックとして把握できなければなりません。上級者ともなれば、一ページをひとつのブロックとして目に焼きつけることができますが、もちろん初級者にはそんな芸当ができるはずもありません。

そこで、まず一行を三分割して、上段、中段、下段へとリズミカルに視点を動かす訓練をします。上達すれば、徐々にそのブロックの枠を拡げますが、《ステップ1》としては、一行を三分割するくらいが適当です。

115ページを見ていただければ分かるとおり、このトレーニングでは、活字のかわりに、意味のない記号「⊙」を使います。活字ではどうしても内容を読んでしまうため、視点が

リズミカルに動いてくれません。意味のない記号だからこそ、ブロックごとにスピーディーに活字がキャッチできるようになるわけです。

また、記号を使うことによって、これまでの音読の習慣にもピリオドを打つことができます。

速読がマスターできるかどうかの大きなポイントは、実はここにあるのです。

本を読むとき、人間は声には出さなくとも、頭のなかで文字の音《おん》を追っています。〝黙読〟とはいいますが、声にこそ出さないものの、頭のなかでは律儀《りちぎ》に音にしているのです。これが速読にとっては、大きな障害となります。普通、声を出して本を読む場合のスピードは一分間に四〇〇字程度です。黙読した場合でも、せいぜい一〇〇〇字程度が限界でしょう。これでは、どんなに頑張っても速読が身につくはずもありません。

そこで、これまでの〝黙読〟を〝目読《めどく》〟に切り換える必要があります。とはいっても、文字を習ってからというもの、長い間続けてきた黙読のクセはそう簡単に抜けるものではありません。

逆に言えば、この黙読のクセさえ抜ければ、《ステップ1》の一分間に二〇〇〇字から三〇〇〇字という目安は、簡単にクリアすることができます。これだけで、従来のスピードの四～五倍ですから、それくらいで充分だという人も少なくありません。そういう方は、これから述べる記号トレーニングだけをしっかりやれば大丈夫です。

しかし、それは、文字が速く読めるというだけで終わりです。また三〇〇〇字以上のスピードも望めません。

私たちが目標にしているのは、ただ単に文字を速く読むだけではないのです。それよりも、もっと大きな目標として、いつ、どんなときでも集中力を自在に発揮し、私たちの脳に備わっている驚異的な潜在能力を活用して新たな人生を切り拓《ひら》いていくことです。

一分間に何字読めるかということは、集中力や潜在能力の活用を測《はか》るための一つの尺度にすぎません。一分間に二〇〇〇字程度なら記号訓練だけで充分なのに、《ステップ1》の訓練カリキュラムに、あえて丹田呼吸法や集中力訓練が入っているのは、そのためなのです。

さて、頭のなかで音にしてみなければ、内容が理解できたのかどうか不安だという人も多いものです。でも、そんなことを心配する必要はありません。文字を読んだすぐ後に、それが理解できているかどうかを確認する必要などないのです。要は、本を読み終わった後に、理解できているかどうかなのですから。

◉記号トレーニング法（一日ワントレーニング、一分間×三回）

①背筋を伸ばしてすわります。訓練図が顔の正面にくるようにしてください。顔との距離は三〇〜四〇センチくらいにします。
②一行を三分割したブロックを右上から下へ、そして次の行へと順番に見ていきます。
③見るのは、各ブロックの中心からやや上のところがよいでしょう。
④集中力を高め、一定のリズムを保ちながら視点を移動させます。リズムを崩したり、途中で眼球の動きを止めないように注意します。
⑤記号を頭のなかに焼きつけるような気持ちで訓練してください。
⑥一分間で、できるだけ速く、正確に記号を見るようにします。

頭の中での音読から〝目読《めどく》〟に切り換えよう

音読を捨て、目読《めどく》ができるようになるかどうかは、速読をマスターするうえでのひとつのカベだといえます。

講習会に参加している人の例を見ても、まず、ほとんど全員といっていいくらいの人が、この点でつまずきを口にします。「どうしても読んでしまう」「読めているかどうかわ

6. 記号トレーニング（1分間×3回）

◎A5サイズに9列　ブロック間12ミリ

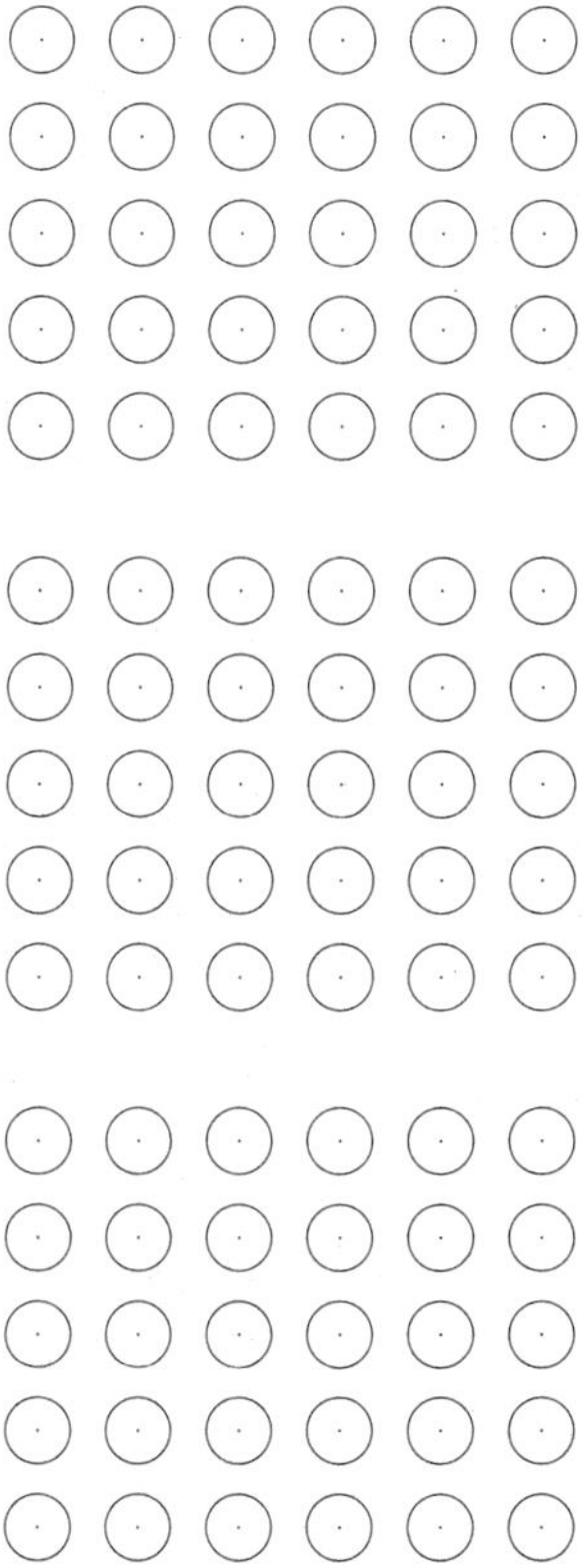

◎1行を3分割したブロックを右上から下へ、ブロック単位で見ていく。できるだけリズミカルに、記号を頭の中に焼きつけるつもりで訓練します。

◎各ブロックが同じで見にくいと思ったら、ブロックごとに円を一つずつ塗りつぶしてみてもかまいません。

からない」という悩みは、初級者全員に共通したものだといってよいでしょう。

少しおおげさにいうなら、〝黙読〟を捨てられるかどうかは、その人が、それまでの人生のなかで身につけてきた言語に対する習慣を捨てられるかどうかだ、ということです。

小学校や、中学校の国語の時間には、先生が生徒を指名して、声を出して教科書を読ませることがあります。生徒が声を出さなければ、先生は、生徒の読み方が正しいかどうか分かりませんから、日本語を正確に学ぶためには、たしかにこの方法は役に立ちます。

しかし、それはあくまでも、〝正しい日本語〟を学ぶために有効なのであって、速く読むこととは、なんの関連もありません。

これまでに皆さんは、日本語を正しく読み、そして理解するための訓練は充分に積んでこられたことでしょう。そのため、訓練の方法でしかなかった音読が、習慣化してしまっているのです。けれども、ここでは、一度その習慣を白紙に戻さなければなりません。

黙読を目読に切り換えるコツについて、しばしば質問を受けます。最大のコツは、理解しているかどうかを、まったく考えないことです。「頭に入っていなくとも、眼が覚えている」と思ってください。人間の体というのは、意識しなくともいろいろなことを勝手に覚えるものです。

また、これは訓練なのですから、覚えられないとヒドイことになるといった真剣勝負ではないのです。とにかく、読むのではなくて、見るのだと思って訓練を続けることです。

7　本読みトレーニング

一行を三分割して見ていくこと

記号訓練の次は、実戦的な「本読みトレーニング」に入ります。ここでも、記号トレーニングと同じように、一行を上段、中段、下段に三分割して視点を移動させます。

記号トレーニングでは、視点のリズミカルな移動に重点を置いていましたが、今度は、対象が意味のある文字です。最初のうちは、どうしても頭の中で音に変えてしまうものですが、何度も繰り返してきたように、その音がどこまで捨てられるかが、ポイントなのです。

極端なことをいえば、最初のうちは内容が理解できなくてもかまいません。同じリズムで、ひたすら見つめる練習になっていれば、それでよいのです。

用意する本は、小学校五、六年生向きの、活字の大きなものがよいでしょう。いきなり文庫本など活字の小さなものや、印刷の不鮮明な本に取り組むのは困難です。また、最初だからといって、小学校低学年向きのひらがなばかりの本を選ぶのも感心しません。ひらがなが多すぎると、どうしても頭のなかで音読してしまうからです。

◉本読みトレーニング訓練（一日ワントレーニング、一分間×三回）

①背すじを伸ばしてすわります。本が顔の正面にくるようにしてください。顔との距離は三〇～四〇センチぐらいにします（次ページ図参照）。

②一行を三分割してうすい線を引き、これを目安に視点を移動させます。

③見つめるのは、各ブロックの中心からやや上のところがよいでしょう。

④集中力を高め、一定のリズムを保ちながら視点を移動させます。リズムを崩したり、途中で眼球の動きを止めないように注意します。

⑤文字を頭のなかに焼きつけるような気持ちで訓練してください。

⑥一分間で、できるだけ速く、読み進められるように訓練します。

7. 本読みトレーニング（1分間×3回）

◎字の大きめの本を用意し、1行を3分割してうすい線を引きます。

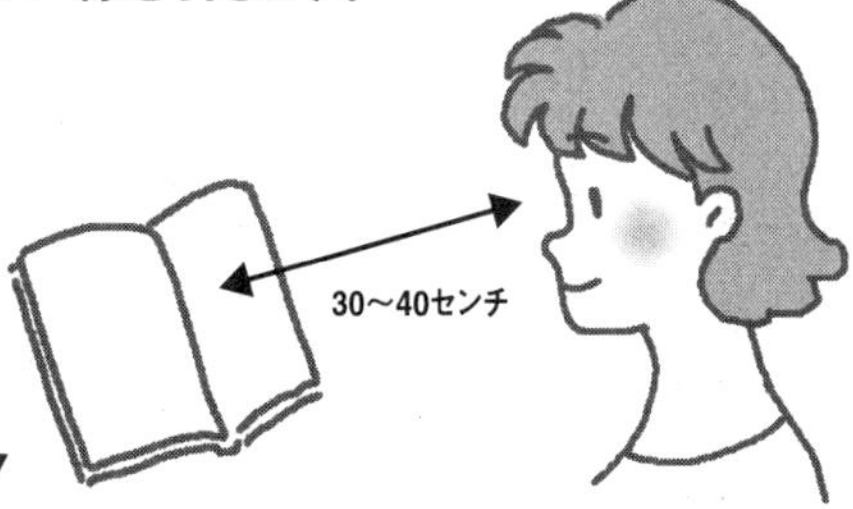

◎記号トレーニングと同様に各ブロックをリズミカルに見ていきます。

◎頭の中で音読しないよう気をつけてください。

岬に立った。

そこは、もう北海道は指呼の間にある。海面から吹き上げてくる風は強く、冷たい。東京ではまだ初秋の頃なのに、ここの風には、すでに冬のきびしさがある。

右は津軽海峡、左は日本海。

日本の本州の最北端である。いかにも〝さいはて〟という感じがする。私の旅の終りにふさわしい北端の

リズムにだけ意識を集中しないこと

速読はひとつずつ文字を追って頭のなかに入れるものではありません。視野を拡げ、文章をひとつのブロックとしてとらえて、絵のように頭のなかに焼きつけるものです。一行を三分割するのは、その最も初歩の段階なのです。訓練を積めば、一ページ全体が一瞬にして網膜《もうまく》に焼きつけられるようになってきます。

《ステップ1》のレベルでは、頭のなかでリズムをとっていてもかまいませんが、あまりリズムにばかり気をとられていると、文字がちっとも記憶に残りません。両方のバランスをうまくとりながら訓練するように注意してください。

8　記憶力トレーニング

「速読のほうが、内容をよく憶《おぼ》えている」

「速く読んじゃうと、内容なんか憶えていないに決まってるさ」とか、「どうせ飛ばし読みだろう。熟読しないと本の内容なんか憶えられないよ」などという声を耳にすることがあります。

ここまで集中力と視覚機能の訓練を積んできた人なら、速く読める事実に疑問はもうありません。しかし、それがなぜ、頭のなかに残っているのかに関しては、依然として分からないことでしょう。でも、速読をマスターした人は、口を揃えて「速読のほうが内容をよく憶えている」と言います。その秘密は、実はこの「記憶力トレーニング」にあるのです。

人間がものを憶えるシステムは、大きく分けると、三つの機能から成り立っています。まず、わたしたちが経験したことを頭脳におさめるための「符号化《ふごう》」。次に、符号化したものを情報として保存しておく「貯蔵」。そして、貯蔵したもののなかから、必要なものを取り出してくる「想起」です。この三つの機能が正確に作用して、はじめて記憶というシステムが活躍してくれるわけです。

この分類にしたがって話を進めれば、これまでの訓練は、特に符号化と貯蔵に重点を置いたものだといえます。これから行なうトレーニングでは、さらに想起の作業が加わるわけです。理屈はこのくらいにしておいて、とにかくトレーニングをやってみましょう。ただしこれは、先の本読みトレーニングのすぐ後にやるようにしてください。

◉記憶力トレーニング訓練（一日ワントレーニング、一分間×三回）

①まず、「本読みトレーニング」を、117ページの方法にしたがって行ないます。
②まだ速読のできない人は、従来の黙読でかまいません。一分間に読めるだけ読んで、本を閉じます。
③文章中に書かれていた単語、熟語を思い出せるだけ書き出します。順番は、思い出したままでかまいませんから、できるだけたくさん書き出すようにします。
④最初は五〜六個しか書けませんが、「わからない」「もうダメだ」などとは思わずに、ずっと「なんだろう」と考えて続けてください。
⑤《ステップ1》の目標は四〇語です。訓練後は、何字書き出せたかを必ず記録するようにしましょう。自分でも驚くほど字数が増えていきます。

受験突破はこのトレーニングの成果

このトレーニングを積むと、記憶力が五〜六倍にアップします。1章で各種の試験を突破した人たちの体験談を載《の》せましたが、それも、このトレーニングの成果があったればこそなのです。現に学生の会員に聞いてみると、これまでなかなか暗記できなかった英単語や、日本史の年号、人名などが、一度書いただけで憶えられるようになったと言っています。

さて、これで《ステップ1》は終了したわけですが、いかがでしたか。自分の思いどおりの成果があげられたでしょうか。

訓練でなによりも大切なことは、単にカリキュラムをノルマとして消化することではなく、いかに自分の持っている力を出しきるかということです。ここでは四〇分ほどで終了するようにカリキュラムを組んでおきましたが、問題はその時間の長さではありません。目標に到達できなかった人は、まだ自分の力が発揮できていないのですから、もう一度最初から訓練をやり直すぐらいの気持ちを持ってください。

《ステップ2》一分で約四〇〇〇字（二〇日間）
(2) 視覚機能鍛錬コース

《ステップ2》では、一分間に四〇〇〇字程度読めるように訓練をします。「自分は訓練しなくても一〇〇〇字は読めるから、《ステップ1》は飛ばして2から始めよう」などと考えている人もいるかもしれませんが、ここに新しく登場した「集中力移動法」などは、ある程度、丹田呼吸法を身につけていないと、意味がありません。

また、同じ訓練でも目標がレベルアップされていますから、必ず《ステップ1》を終了してから取り組むようにしてください。

1　丹田呼吸法（一日ワントレーニング、二分間）

丹田呼吸で、神経性の胃炎が治った

《ステップ1》での訓練で、自分に合った丹田呼吸の長さが身についたと思います。規定の二分間の訓練だけでなく、ちょっとした空き時間にも訓練をするようにするとよいでしょう。

速読協会でインストラクターをしている久保田享《すすむ》さんは、会員になったばかりの頃、「一年に一万冊読みたい」とずいぶん意気込んでいたといいます。それで訓練にも熱心で、「丹田呼吸は基本だから、一日に三〇分はやろう」と決意したそうです。ところが、いざやってみると、どうしても三〇分間も集中力が続かなかったということです。

ただ呼吸のペースを落とすだけだから、三〇分ぐらいならできそうだと考える人は多いでしょうが、その間、精神を集中するわけですから、実際にはそれほど長時間続けられるものではありません。久保田さんも結局は、「電車を待っているときなどに一分か、二分程度して、一日で五分か一〇分くらい」のところに落ち着いたと言います。それでも、そ

れまで悩まされていた神経性の胃炎から解放されたということですから、効果は充分にあがったといえるでしょう。

女性のインストラクターのなかには、寝る前に丹田呼吸をかかさずやったおかげで、便秘が治ったという人もいます。別名「調和息《ちょうわそく》」と呼ばれる丹田呼吸は、心身のバランスをとり、健康増進にも大きな力を発揮するのです。

まだ頭のなかでカウントしなければ、ペースが得られないという人は、一日も早く自分なりのペースを身につけるようにしてください。

2 一点集中法（一日ワントレーニング、一分間）

訓練後、目を閉じて、黒点の残像が残るか

《ステップ1》を終了する頃には、黒点の周囲に、くっきりとコロナが浮かびあがっていることでしょう。まだコロナが現われないというのであれば、黒点をもう一度大きくして、やり直してみてください。

《ステップ2》でのこの訓練は、目を閉じた後に黒点の残像が残るかどうかがポイントになります。一分間黒点を見つめた後に、軽く目を閉じてから顔を動かし、別なところに視点を移し、目を開いても黒点が白く浮かび上がるようにならなければなりません。

出ない人は、まだまだ集中力が不足しています。もう一度トライしてみましょう。

3　集中力移動法

丹田呼吸をしながら、意識の集中点を移動する

《ステップ1》には集中力移動法は含まれていませんでしたが、これは丹田呼吸が身についていなければ効果がないからです。丹田呼吸が身についていないのに、集中力を移動しようとすると、両方のペースが乱れてしまい、結局、何の効果も得られなくなってしまうのです。

集中力移動法は、一定した距離を、一定の速度で正確に視点を移動させる眼の運動です。眼球の動きをスムーズにし、視点を移動しても集中力を落とさないようにするのが狙《ねら》いです。

この訓練によって、眼球が一定の速さで動かせるようになりますし、また、いつでも視

点を対象に合わせることができるようになります。

現役時代の王監督をはじめとする各プレーヤーたちは、しばしばホームベースの上でボールが止まって見えるといっています。百数十キロの早さで投げられたボールが静止して見えるなどということは、凡人の目にはありえないことですが、よく訓練された目は、ボールがストライクゾーンを通過する一瞬を的確にキャッチするのでしょう。

この訓練は速読のためばかりでなく、野球、卓球、テニスなど、動きの速いボールに敏《びん》捷《しょう》に対応しなければならないスポーツをする人には、ひじょうに役に立ちます。

ただし、この訓練は連続してやりすぎないように注意してください。眼球を上下に動かすこの運動では、普段使い慣れていない上直筋《じょうちょくきん》と下直筋《かちょくきん》という筋肉を鍛《きた》えます。そのため、訓練をやりすぎると、この筋肉が疲労し、一時的に目が充血したり、涙が出てきたりすることがあるのです。毎日少しずつ、根気よく続けるようにしてください。

◉集中力移動法訓練（一日ワントレーニング、二分間）

①背すじを伸ばして、丹田呼吸の姿勢をとります。自分のペースで丹田呼吸をしてください。

3. 集中力移動法（2分間×1回）

◎訓練図の大きさは、実線、破線、無線とも上端から下端までは11センチ、大きな黒点は直径8ミリ、小さな黒点は直径3ミリ。

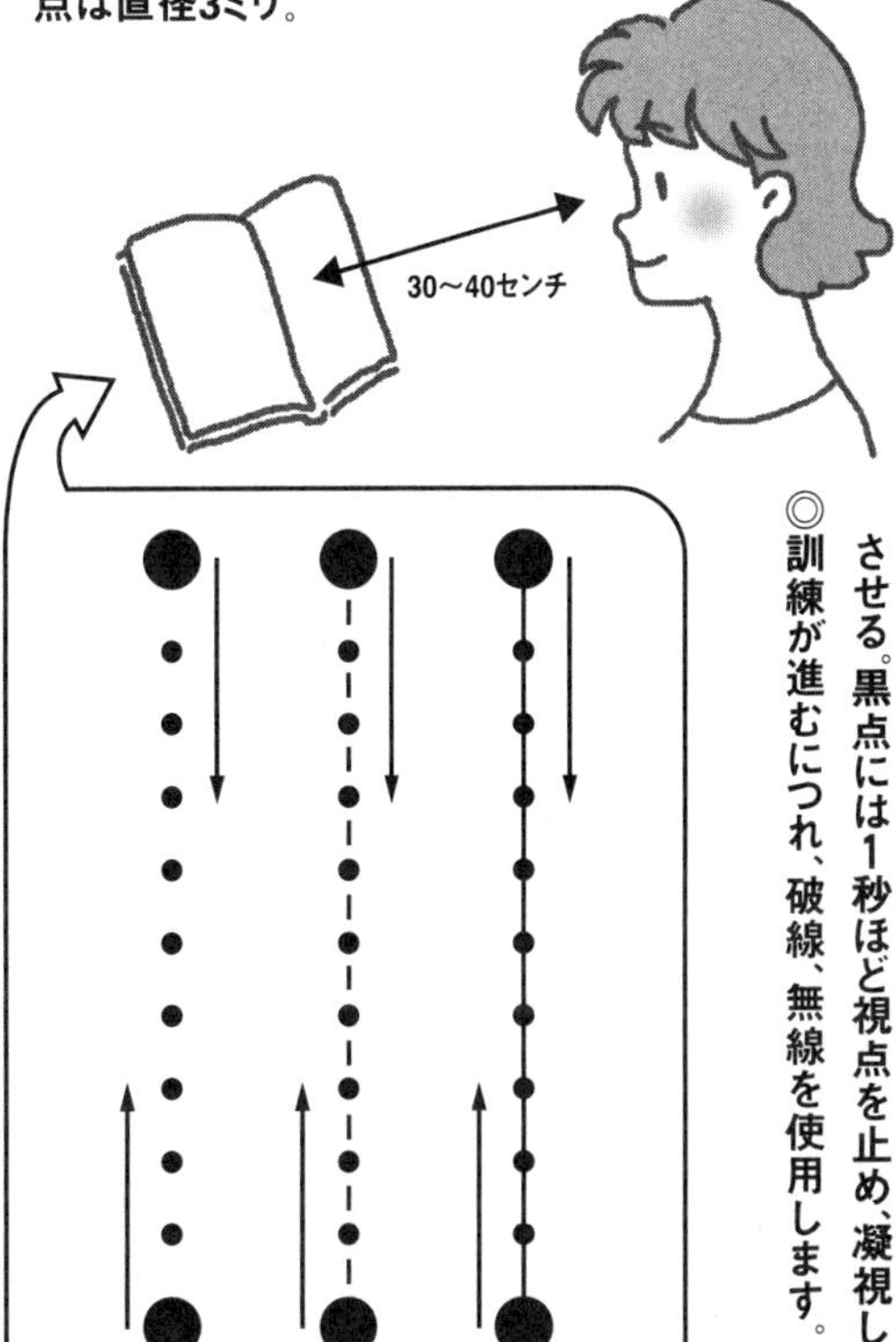

◎上下の黒点を結ぶ線の上をゆっくり視点を移動させる。黒点には1秒ほど視点を止め、凝視します。
◎訓練が進むにつれ、破線、無線を使用します。

②目をやや大きく開いて、訓練図の正面に向かいます。訓練図との距離は三〇～四〇センチが適当です（129ページ図参照）。
③二つの黒点を結ぶ線の上をゆっくり視点を移動させます。黒点から黒点までは五秒かけて進み、黒点に到着したら、一秒間そこで視点を止めます。止めている間は一点集中法の要領で黒点に意識を集中します。
④「線と黒点が、大きくはっきりと目に入ってくる」という自己暗示をかけてください。
⑤訓練図にそって、視点を上下に数回往復させます。

4 集中力左右移動法（一日ワントレーニング、一分間）↓《ステップ1》の101ページ参照
5 集中力上下移動法（一日ワントレーニング、一分間）↓《ステップ1》の104ページ参照

無線でも眼球がスムーズに動くようにする

訓練法は《ステップ1》とまったく同じです。一分間に何度でも視点が移動できるように訓練してください。

実線や点線がなくても、スムーズに視点が移動できるようになれば、特に訓練図を使用

する必要はありません。この訓練だって、どこででもできるようになるのです。

一番よいのは、壁を利用する方法です。これならどこででも気負わずにできますから、訓練がいっそう身近なものになるでしょう。

新日本製鉄元社長の武《たけ》田《だ》豊《ゆたか》氏は『トップの頭脳生活』（ゴマブックス）という本のなかで、集中力上下移動法と同じ原理で、集中力を養った話を紹介していらっしゃいます。

まだ七歳だった頃の武田氏は、当時、日本で五本の指に数えられた弓道範士阿《あ》波《わ》研造《けんぞう》氏の門下生でした。スパルタ教育で知られた阿波範士は、ある雪の日曜日の朝、武田少年を道場に正座させてから、奇妙なことを命じました。降りしきる雪のなかの一片を見つめろというのです。雪は地面に落ちて、ぱっと散る、そこまで見つめ続けたら、また別な雪を見つめ、何度でもこれを繰り返せというのが阿波範士の命令だったのです。

武田少年は三〇分あまりもこの不思議な訓練を続けたということですが、そのときは足がしびれただけのこと、後年になってようやく、それが集中力養成のための効果的な方法だと悟ったということです。

このように、速読のための訓練の中には、そのときは「こんなことをしても意味があるのか」と疑問に思われるものもあるかもしれません。けれども、それが積み重なって効果があがってきたときには、きっと思い当たることばかりなのです。

6 集中力対角線移動法

集中力が左右、上下にスムーズに移動できるようになったら、次は、これをミックスした動きを訓練します。上下、対角線をスピーディーに動かせるよう心がけてください。

◉集中力対角線移動法訓練（一日ワントレーニング、一分間）

①背すじを伸ばして丹田呼吸の姿勢をとります。訓練中は丹田呼吸を続けてください。

②訓練図が顔の正面にくるようにします。図との距離は三〇〜四〇センチが適当です（次ページ図参照）。

③訓練図の右上から、矢印にしたがって、視点を上下、対角線上に動かします。

④眼球はできるだけスムーズに動かすようにします。顔を上下に振ったり、動かしたりしないよう注意します。

⑤一分間にできるだけ速く動かせるようにし、何度でも反復してください。

6. 集中力対角線移動法（1分間×1回）

◎訓練図の大きさは、縦16センチ、横11センチ。

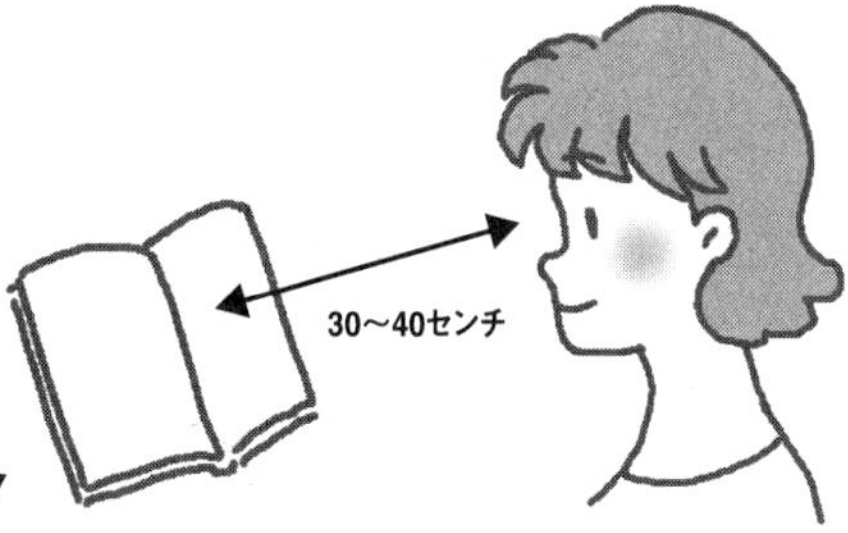

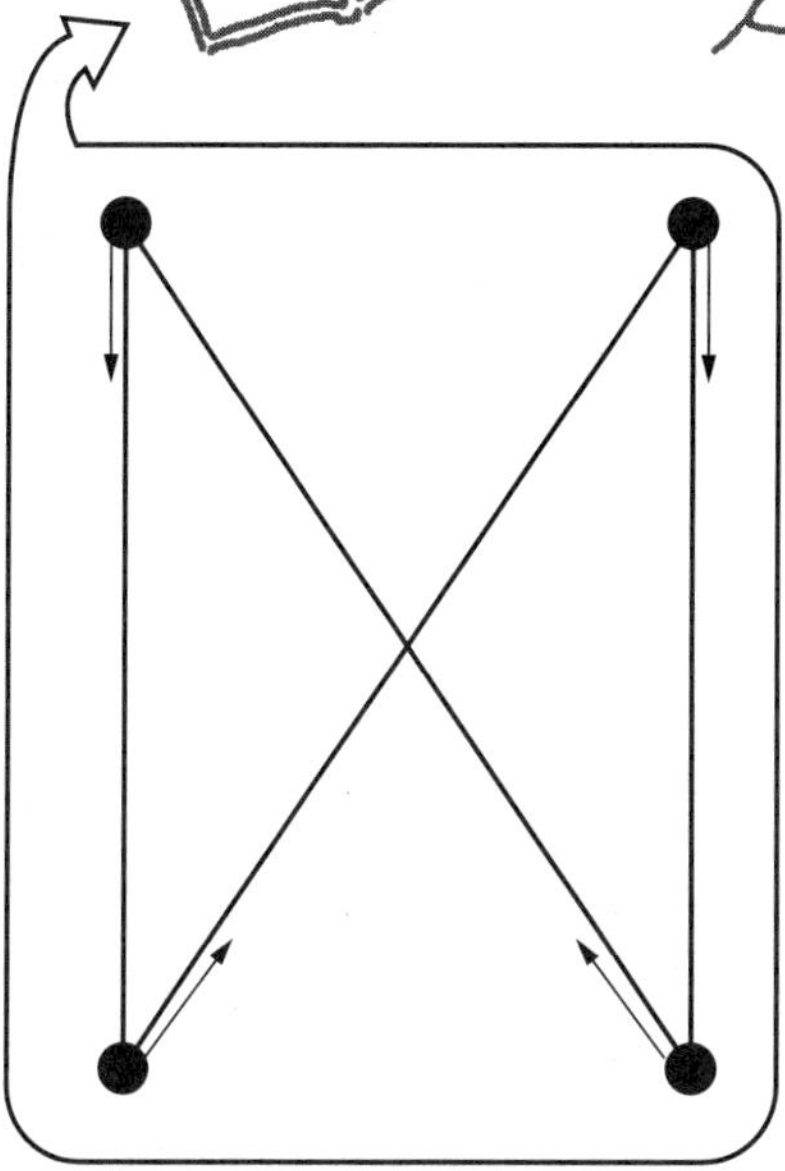

◎右上の黒点からスタートし、矢印に従って視点を上下、対角線上に動かします。

◎一分間でできるだけ早く、スムーズに動かすようにしてください。

7　集中力円移動法↓《ステップ1》の108ページ参照

8　記号訓練（一日ワントレーニング、一分間×二回）

一行を二分割して脳に焼きつける

《ステップ1》では一行を三分割しましたが、ここでは少し視野を拡げて一行を二分割でとらえられるように訓練します。まだ二分の一が一目でキャッチできないという人は、基本カリキュラムとは別に集中力上下移動法を行ない、視野を拡げるようにしてください。

リズミカルな視点の移動にばかり気をとられていると、ついつい記号を脳にインプットする作業を怠《おこた》りがちになります。しっかりと脳に焼きつけるつもりで記号を見つめてください。

8. 記号訓練（1分間×2回）

◎姿勢を正し、丹田呼吸を続けながら訓練します。
A5サイズに10列　ブロック間15ミリ。

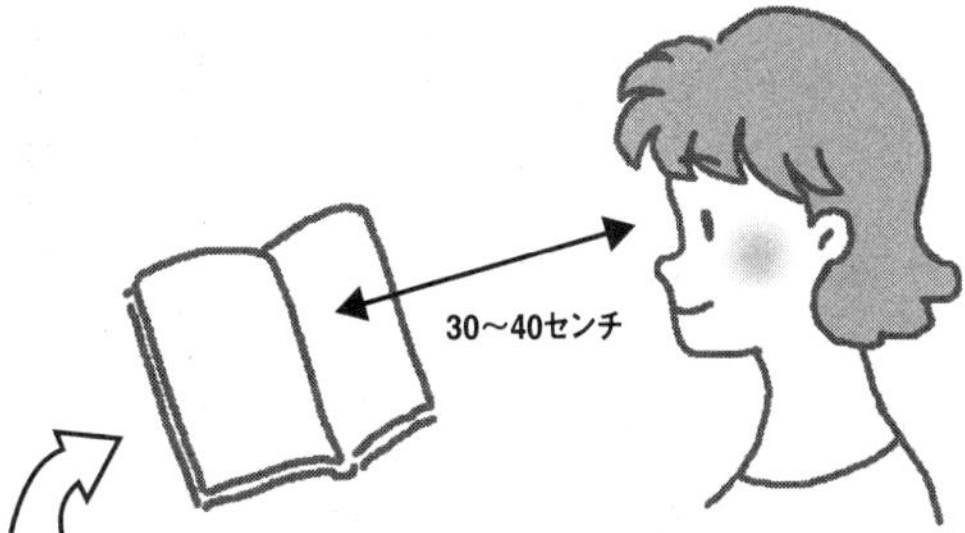

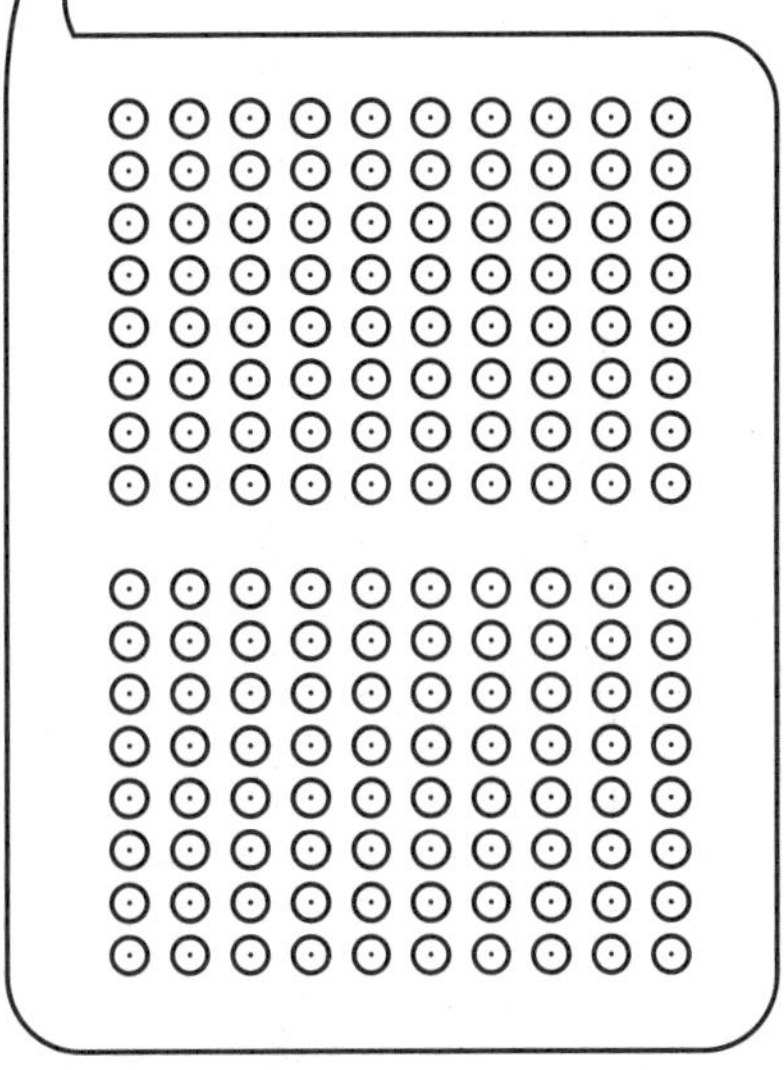

◎1行を2分割し、そのブロックごとの視点を動かしていきます。できるだけ早く、リズミカルに行なってください。

◎訓練図の円は直径8ミリくらいがよい。

9　文字および数字訓練

無意味な文字、数字をブロックで見る

記号訓練がこなせるようになったら、次は記号から文字、数字に移ります。単なる記号では、音読はまったく不可能でしたが、今度は文字ですから音がともなってきます。

しかし、訓練図に並んでいるのは、文字や数字の単調な羅列《られつ》にすぎませんから、頭のなかでいくら発音してみても、まったく意味を成《な》しません。これは記号から文章へスムーズに移るための段階的なステップですから、文字も数字も記号と同じ意識で見つめるようにしてください。もともと意味のない文字なのですから、憶える必要はありません。記号と同じように一行を二分割して、リズミカルに視点が移動できるように留意します。

この訓練によって、頭のなかでの黙読をやめ、活字を映像としてとらえるようにします。人間の脳は右脳が感覚的な機能を、左脳が論理的な機能を分担する構造になっているといわれています。文字は論理的なものですから、普通は左脳で知覚するのですが、この文字トレーニングによって、それを右脳に切り換えてしまうのです。だから、できるだけ

9. 文字および数字訓練（1分間）

◎A5サイズに18列　ブロック間8ミリ

z カ 明 5 E せ u ホ 村 8 H ふ 1 コ 妹 0 S み
z カ 明 5 E せ u ホ 村 8 H ふ 1 コ 妹 0 S み
z カ 明 5 E せ u ホ 村 8 H ふ 1 コ 妹 0 S み
z カ 明 5 E せ u ホ 村 8 H ふ 1 コ 妹 0 S み
z カ 明 5 E せ u ホ 村 8 H ふ 1 コ 妹 0 S み
z カ 明 5 E せ u ホ 村 8 H ふ 1 コ 妹 0 S み
z カ 明 5 E せ u ホ 村 8 H ふ 1 コ 妹 0 S み
z カ 明 5 E せ u ホ 村 8 H ふ 1 コ 妹 0 S み
z カ 明 5 E せ u ホ 村 8 H ふ 1 コ 妹 0 S み
z カ 明 5 E せ u ホ 村 8 H ふ 1 コ 妹 0 S み
z カ 明 5 E せ u ホ 村 8 H ふ 1 コ 妹 0 S み

o セ 曜 1 O わ g フ 雪 2 N ね j シ 用 6 F あ
o セ 曜 1 O わ g フ 雪 2 N ね j シ 用 6 F あ
o セ 曜 1 O わ g フ 雪 2 N ね j シ 用 6 F あ
o セ 曜 1 O わ g フ 雪 2 N ね j シ 用 6 F あ
o セ 曜 1 O わ g フ 雪 2 N ね j シ 用 6 F あ
o セ 曜 1 O わ g フ 雪 2 N ね j シ 用 6 F あ
o セ 曜 1 O わ g フ 雪 2 N ね j シ 用 6 F あ
o セ 曜 1 O わ g フ 雪 2 N ね j シ 用 6 F あ
o セ 曜 1 O わ g フ 雪 2 N ね j シ 用 6 F あ
o セ 曜 1 O わ g フ 雪 2 N ね j シ 用 6 F あ
o セ 曜 1 O わ g フ 雪 2 N ね j シ 用 6 F あ

無心になって活字を見ることに専念してください。

トレーニングをしていて、どうしても頭のなかで発音してしまうようでしたら、また記号トレーニングに戻ります。このトレーニングをマスターすることが、黙読のカベ突破のポイントなのです。

●文字および数字訓練法（一分間）

①基本的な姿勢は記号訓練と同じです。訓練図を顔の正面、三〇～四〇センチの距離にもってきます。

②一行を上段、下段に二分割して、スムーズに、リズミカルに視点を移動させます。

③文字、数字を形そのままに素早く見ていくことが大切です。頭のなかで発音したり、記憶したりしないよう注意します。

④文字、数字の羅列にすぎませんから、すぐに記号と同じように見ることができるようになる人もいることでしょう。しかし、この訓練をおろそかにすると、実際の速読のときになって、黙読に戻ってしまいやすくなります。見えたと思っても、手を抜かずに最後までやりとげてください。

⑤一分間にできるだけ速く多く見るようにし、何度でも反復して練習します。

10　本読みトレーニング（一日ワントレーニング、一分間×三回）

頭の中で音読してしまう部分を減らしていく

訓練法は《ステップ1》と同じですが、《ステップ2》では、記号トレーニング、文字および数字トレーニングと同様に一行を二分割してとらえていく練習をします。

頭のなかでの発音は極力避けるようにしてください。一定のリズム、安定した集中力でページに向かうようにしてください。

ここでも、ポイントとなるのは、やはり黙読から〝目読《めどく》〟へのカベです。《ステップ1》の二〇〇〇字程度なら、実は多少黙読が混《まじ》っていても達成することはできます。均等に視点を移動させせながらキーワードだけ頭のなかで発音していても、二〇〇〇字程度なら一分間に読めてしまうのです。

しかし、四〇〇〇字をクリアするためには、完全に黙読を捨てなければなりません。見、るという感覚を高めるように気をつけながら本読みに臨《のぞ》んでください。

日本速読協会のインストラクターの久保田さんは、見る感覚を高めるためにユニークな訓練法を考えつきました。先ほど述べたように、文字を映像的にとらえるためには、右脳の働きが活発にならなければなりません。そして、ご存じのように、右脳は身体の左半身の動きをコントロールする役目も果たしています。

逆にいえば、左半身を活発に機能させれば、必然的に右脳の機能もアップするということになります。そこで右利《き》きの久保田さんは、おもちゃ屋でケン玉を買ってきては、毎日左手でケン玉の練習に励んだということです。

もちろん、一朝一夕でこのような訓練の成果があがるとは思えませんが、これぐらいの熱意があれば、速読の上達も早いに違いありません。

11 記憶力トレーニング（一日ワントレーニング、二分間×三回）

音読して理解できないものは、速読でも理解できない

これも、訓練方法は、《ステップ1》とまったく同じです。ただし、目標の単語数は六〇語にレベルアップします。訓練時間が二分になっているのは、書き出す語数が増えるためです。

記憶力トレーニングを効果的に行なうには、なんといっても興味のある本を教材として選ぶということです。「ただ見るのだから、この際、いままでツンドクしていた経済学の本でも読むか」、と難解な本をひっぱり出してきても効果は期待できません。ここでも、やはり好きな本を選んでください。そのほうが集中力が発揮されやすいのです。

誤解があるといけないので、ここではっきりさせておきますが、いくら速読が上達して記憶力が高まったとしても、知らなかった漢字が読めるようになるわけではありません。理解できなかった本が理解できるようになるというものでもありません。

音読して理解できないものは、いくら速読してみたところで理解できはしないのです。もっとも、速く読めるようになるということは、それだけ時間の余裕が生まれるということですから、その時間で何度でも繰り返して読めば、当然理解度は深まりますし、最初読んで気づかなかった点を新しく発見することだってあるものです。

協会では、速読を機械的なもの、作業的なものに終わらせないために、読書感想文をつけるよう奨励していますが、その理由はここにあります。

12　視力強化法

眼の疲労回復、視力のアップを図る法

さて、これは直接の訓練ではありませんが、ここで、訓練に疲れた目を休め、さらには視力をアップする方法を紹介しておきましょう。同様の目的を持つ集中力円移動法（108ページ参照）は、訓練の中で左右・上下・対角線を次々に激しい眼筋の移動トレーニングを行なったあとに、眼筋を均等に動かしてクールダウンすることが本来の目的であり、速読のカリキュラムに組み込まれた必須訓練です。それに対してこの視力強化法は速読訓練をはなれて単独で行なうこともできます。訓練の途中で疲労がたまってきたな、と思ったら随時やってみてください。

速読法で視力がアップすると言うと不思議な気もしますが、先述のとおり速読協会会員を調査した結果では、約一カ月の訓練後には、平均して視力が〇・二アップしています。仮性近視、乱視、遠視が治ったという報告もありますから、目がよくなることは間違いありません。もちろんこの訓練は、目の悪くない人が行なってもなんらさしつかえはありま

視力強化・疲労回復訓練（約10分間）

◎直径1センチくらいの黒点を2〜3メートル離れて見る。

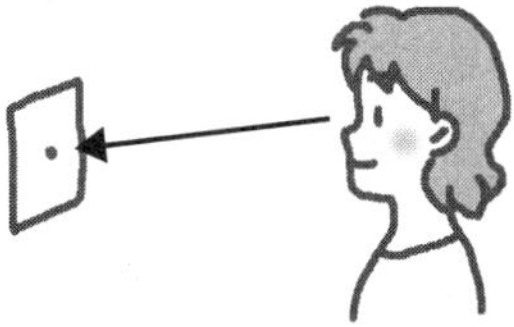

◎まばたきをしないようにし、意識を黒点に集中する。

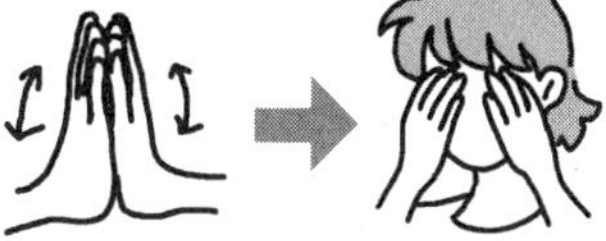

◎両手を強く擦り合わせ、まぶたに当てる。

◎眼球を左右、上下にそれぞれ10〜15回ほど動かす。

◎目を閉じて太陽に向かい、顔を軽く左右に振る。5分くらい続けた後、まばたきをして涙を出す。

せん。

◉視力強化訓練法（一日ワントレーニング、約一〇分）

①安定した姿勢で椅子に腰かけるか、床にすわるかして壁に向かいます。壁との距離は二～三メートルです。一点集中法のときに使った黒点の大きなもの（直径一センチ）を目の高さより、やや低めに壁に貼っておきます（143ページ図参照）。

②目を普通に開き、呼吸も普通にして、あまりまばたきしないように黒点を見つめます。意識は黒点に集中させてください。

③一分間くらいから始めて、しだいに時間を延ばします。二～三分見続けられるようになるまで訓練します。

④黒点を見つめた後、両手を熱くなるほどに強く擦《す》り合わせ、その手のひらを、閉じたまぶたにそっと当てがいます。強くこすったりせずに、軽く覆《おお》い被《かぶ》せるようにし、これを二～三回繰り返します。

⑤両方の目を開いた状態で、眼球を上下、左右に動かしたり、対角線を描いたりする運動を一〇～一五回くらいずつ行ないます。

⑥天気のよい昼間なら、太陽光線を浴びましょう。目を閉じたまま太陽に顔を向け、五分間くらい顔を左右に振ります。絶対に目を開いて太陽を直接見つめないよう注意してください。

⑦太陽の光を浴びた後は、軽いまばたきを繰り返して涙の分泌を促進してください。

訓練は、まとめてやってもダメ、毎日少しずつ休まずに

早く上達したいという気持ちから、訓練をいっきにまとめてやる人がいます。しかし、一度にまとめたり、突然激しい眼の運動を長時間続けるのは、あまりお勧めできることではありません。続けざまに訓練をすると、時として、目が痛くなったり、頭が重くなったりすることもあります。このような疲労が蓄積されているときは、脳細胞や神経に老廃物がたまっているのですから、いくら訓練をしてみても効果はあがりません。そんなときは、訓練を中断してリラックスするに限ります。

訓練と訓練の間にリラックスすることは、疲労を癒《いや》すだけでなく、自分のボルテージを高めるうえでも大切なことです。

たとえば野球のバッターを例にとってみましょう。バッターはピッチャーがモーションをとったときから全身に力を込めているわけではありません。

最初はゆったりと楽にかまえておいて、ボールがホームベースに近づくにつれて力を込め、ミートする瞬間にパワーが最高値に達するようでなければホームランは望めません。球界最高の年俸《ねんぽう》で話題をまいたロッテの落合選手のバッティングなどは、まさにこの典型的な例だといえるでしょう。

つまり、最高のパワーは、平常時のリラックスから生まれるのだといってもよいでしょう。ふだんから力《りき》んでいては、ここ一番という時に瞬発力が発揮できず、中途半端なものになってしまうのです。

《ステップ3》一分で約六〇〇〇字（三〇日間）

(3) 潜在能力開発コース

いかにして無意識の世界に入るか

《ステップ2》までのレベルなら、視覚機能の訓練と、本を読むときの要領とをうまくつかめばクリアすることができます。眼球が素早く動き、ある程度、目読ができるようになれば、なんとか四〇〇〇字くらいは読めるようになるのです。

ところが、ここからはそうはいきません。何度も繰り返し述べてきた無意識の世界、どこまで自分をゼロにすることができるかという内面性が重要になってくるのです。

インストラクターとして何度も講習会を主催していますと、一目見ただけで、「あっ、この人は伸びそうだな」とか「この人は苦労するだろうな」ということが分かるようになってきます。

こんなことをはっきり書いてしまうと、失望を与えることになるかもしれませんが、それを乗り越えてもらいたいという希望を込めて、あえて言ってしまえば、マスターに苦労がつきまとうのは、どうしても年配の男性が多いようです。逆に、難《なん》なくマスターしてしまうのは、中学生ぐらいの女の子です。

無意識の力をいかに引き出せるかということは、言葉を換えれば自分の感受性をいかに柔軟なまま保っておけるかということに外《ほか》なりません。仕事や家庭で苦労を重ね、論理的なビジネスの世界を渡っていかなければならない年配の男性は、この点で、どうしても若い女性にひけをとりがちです。

これは、3章で詳しく説明しますが、論理を基盤として物事に対応する習慣が身についていると、速読に必要な脳波のα《アルファ》波がなかなか出てきてくれないのです。論理の世界のβ《ベータ》波とは違い、直感の世界のα波は、感性をとぎすますことによって増幅しなければなりません。

仕事ができるとか、知能が高いとか、勉強ができるとか、本をたくさん読んでいるとか、そんなことは、速読の上達には何の関係もありません。速読にとって有効なのは、いかに幅広く豊かな感受性を持っているかということです。たとえば、テレビドラマを見ていてホロリと涙を流せる人なら、毎日のルーティンな訓練のなかで、自分の進歩を自覚できることでしょう。そして、この発見の喜びが、新たな努力へのカンフル剤の役割を果たしてくれるわけです。

しかし、テレビドラマ（これはたんなる例にすぎませんが）を見て、「なんだくだらない」と一蹴《いっしゅう》してしまう人ならどうでしょうか。たしかに、それはくだらない番組かもしれません。でも、そのなかにだって、人間の喜びや悲しみが多少なりとも表現されているはずです。それに素直に感激できなければ、毎日のトレーニングのなかにも感動を見いだせないことでしょう。

1　丹田呼吸法（一日ワントレーニング、二分間×二回）

丹田呼吸法マスターの目安

丹田呼吸はすっかりマスターできたでしょうか。まだだ、という人も諦《あきら》めずに続けてください。なかなかマスターできないという人でも、まじめに一カ月続ければ、たいていマスターできるものです。

よく受ける質問に、「どのようになったら丹田呼吸をマスターしたといえるのか」というのがあります。目安としては、①訓練の時間の経過に気がつかない、②下丹田がポウッと暖かく感じられる、③全身がなんともいえずいい気持ちになる、などがあげられるでしょう。

まだ雑念が浮かんで仕方がないという人もいるかもしれません。雑念は誰しも浮かぶものです。問題はそれへの対処の方法です。要するに取り合わないこと。たとえ雑念が浮かんできても、それは浮かぶにまかせておきます。それよりも、丹田呼吸そのものに自分を没頭させることのほうがずっと大切なのです。

どうしても気になって困るという人は、メンタルスクリーン方式でやってみましょう。これは穏やかなイメージや、楽しかった思い出などを頭のなかで描く方法です。「なにも楽しいことなんてないさ」というちょっと困った方は、まっ赤な夕陽が水平線に沈んでいく風景を思い浮かべてみてください。ゆっくりゆっくり夕陽を思い浮かべます。

風景が鮮明に描けたらオーケーです。

本当に丹田呼吸に深く没頭したときは、周囲の雑音も耳に入らなくなるものです。電話のベルがすぐそばで鳴っているのに気がつかなかったという人もいるぐらいですから、その深さは相当なものだといえるでしょう。

2　一点集中法（一日ワントレーニング、一分間）↓《ステップ1》97ページ参照
3　集中力移動法（二分間）↓《ステップ2》127ページ参照
4　集中力左右移動法（一分間）↓《ステップ1》101ページ参照
5　集中力上下移動法（一分間）↓《ステップ1》104ページ参照
6　集中力対角線移動法（一分間）↓《ステップ2》132ページ参照
7　集中力円移動法（四〇秒間）↓《ステップ1》108ページ参照

いつでも、どこでも、空き時間を利用して訓練

一点集中法はもう、ほとんどの人がコロナが見えたことでしょう。目を移しても残像がはっきり残っていますね。黒点は見つめれば見つめるほど大きくなってきます。色も深く濃くなり、浮きあがって見えるようになってきます。毎日、ほんの少しずつ黒点が膨《ふくら》んできます。そのわずかな違いに気づくことが、感性の鋭敏さに結びつくのです。

大きく見えないと感じられる人は、自己暗示を強くかけてください。それも心の底で

「どうせ大きくなんか見えやしないさ」と思いながら、意識の表面だけで「大きく見える、大きく見える」と唱えているのでは意味がありません。心の底から大きく見えると思ってください。

協会のインストラクターをしている福《ふく》みどりさんは、トイレの正面に黒点を貼りつけていたそうですが、身構えずに充分リラックスして訓練するには、とてもよい方法だといえます。

集中力移動の訓練は壁さえあればどこででもできますから、ちょっとした空き時間（ほんの一分でいいのですから、いつだってできるはずです）を見つけてこまめにトレーニングを積みましょう。トレーニングに疲れたら、《ステップ2》の目を強くする訓練をしてリラックスしましょう。

8　記号トレーニング（一日ワントレーニング、一分間×三回）

9　文字および数字トレーニング（一日ワントレーニング、一分間×三回）

一ページを九ブロックに分けて見る

ここでは、一ページを九ブロックに分けて見るトレーニングをします。

「一つの行を途中で切ってしまって隣りの行と合わせてしまったら、意味なんか分からないじゃないか」と思うかもしれませんが、大丈夫、安心してください。この段階ではまだ記号と文字、数字だけしか訓練しません。でも訓練を積めば、三行の上半分だけ見ても、ちゃんと内容が把握できるようになるのです。

上級者のなかには、一瞬のうちに目で捉《とら》えた文字の意味を頭のなかで組み立てるために、本を後ろから逆に読む練習をする人さえいます。

このようなブロックの把握は、ひじょうにメンタルで感覚的なものです。「できる」と思えばできるし、「できない」と思ってしまえばできません。ここでも一点集中法と同様に、そのブロックだけ濃く見やすくなったと思うように自己暗示をかけてください。

視点の動かし方は、リズミカルに、素早くすることを忘れずに。

視野の拡げ方には若干《じゃっかん》の個人差があります。どうしても、九つのブロック分けになじめないという人は、行ごとに視覚を拡げてください。つまり、一行を途中で分断してしまうのではなく、一行がまるまる視覚に納まるように訓練を積んでから、順次、横に拡げていけばよいのです。

10 本読みトレーニング（一日ワントレーニング、一分間×三回）

厚紙を一行分切り抜き、本に当てて使う方法

ここでは、一行全体が視界に入るように訓練をします。まだ全体が視野に納まりきらない人は、集中力上下移動法の訓練を多くやるようにしてください。最初のうちは、一行のなかで視点を素早く上下に動かす訓練も大切です。そうやっているうちに、必ず一行全体が視界に飛び込んでくるようになります。

うっかりしていると、頭のなかでの音読に戻ることもありますから充分気をつけてください。

ここでは内容の理解よりも、スピードに重点を置きます。とにかく一分間に六〇〇〇字の速度でページを見つめるようにします。一分間に六〇〇〇字ということは、一ページ六〇〇字として約六秒。一ページは一五行はありますから、一行当たり〇・四秒しか見れない計算になります。理解度ゼロという結果が出てもあわてる必要はありません。とにかく

8. 記号トレーニング（1分間×3回）

◎A5サイズに9ブロック　ブロック間12ミリ

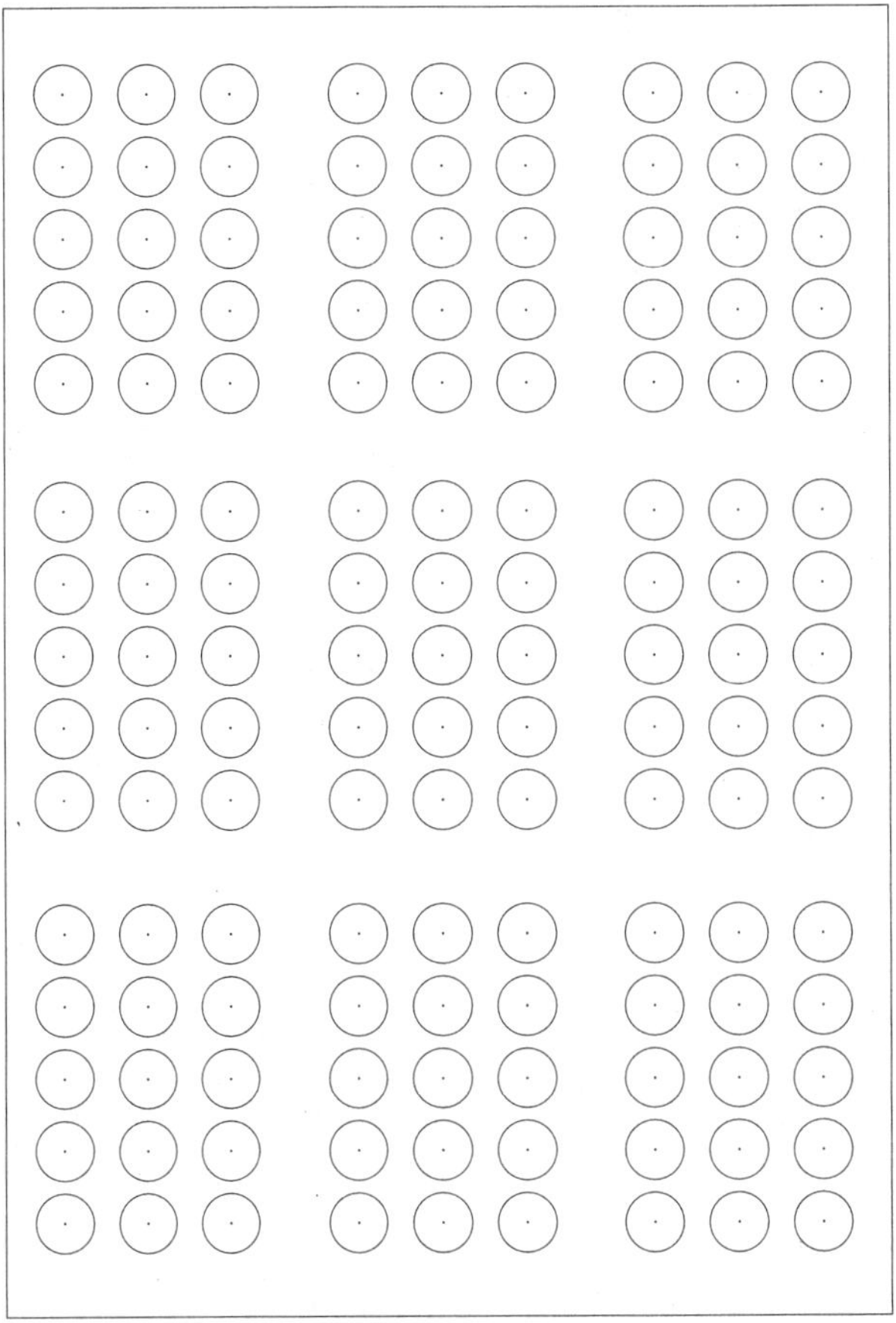

最初はひたすら速く見つめ、視点を移動する練習をしてください。

一定のリズムとスピードが身についたら、今度は活字に対する集中力を高めますが、「このぐらいでいい」とスピードをおろそかにしないこと。完全にスピードが身についてから、内容の把握に移ってください。

どうしても一行がうまく見つめられない、隣りの行が目ざわりで邪魔になるという人は、厚紙に一行分切り抜いたものを作り、それを手早くページに当てながら進むのもひとつの方法です。こうすれば、一行に対する集中力を高めるのが容易になります。ただし、この方法ではスピードのほうがいささかおろそかになってしまいますから、初期の段階だけにとどめておいてください。

11　記憶力トレーニング

記憶力を強化する五つの方法

訓練法は、《ステップ2》と同じです。一分間に六〇〇〇字のスピードで見つめた結果、内容がまったく理解できなくなってしまったという人も、諦《あきら》めずに一生懸命思い出す努力

9. 文字および数字訓練（1分間×3回）

◎A5サイズに9ブロック　ブロック間8ミリ

pョ夜7Jう	tサ味3Yは	wノ分9Pな
pョ夜7Jう	tサ味3Yは	wノ分9Pな
pョ夜7Jう	tサ味3Yは	wノ分9Pな
pョ夜7Jう	tサ味3Yは	wノ分9Pな
pョ夜7Jう	tサ味3Yは	wノ分9Pな
pョ夜7Jう	tサ味3Yは	wノ分9Pな
pョ夜7Jう	tサ味3Yは	wノ分9Pな
pョ夜7Jう	tサ味3Yは	wノ分9Pな
pョ夜7Jう	tサ味3Yは	wノ分9Pな

pョ夜7Jう	tサ味3Yは	wノ分9Pな
pョ夜7Jう	tサ味3Yは	wノ分9Pな
pョ夜7Jう	tサ味3Yは	wノ分9Pな
pョ夜7Jう	tサ味3Yは	wノ分9Pな
pョ夜7Jう	tサ味3Yは	wノ分9Pな
pョ夜7Jう	tサ味3Yは	wノ分9Pな
pョ夜7Jう	tサ味3Yは	wノ分9Pな
pョ夜7Jう	tサ味3Yは	wノ分9Pな
pョ夜7Jう	tサ味3Yは	wノ分9Pな

pョ夜7Jう	tサ味3Yは	wノ分9Pな
pョ夜7Jう	tサ味3Yは	wノ分9Pな
pョ夜7Jう	tサ味3Yは	wノ分9Pな
pョ夜7Jう	tサ味3Yは	wノ分9Pな
pョ夜7Jう	tサ味3Yは	wノ分9Pな
pョ夜7Jう	tサ味3Yは	wノ分9Pな
pョ夜7Jう	tサ味3Yは	wノ分9Pな
pョ夜7Jう	tサ味3Yは	wノ分9Pな
pョ夜7Jう	tサ味3Yは	wノ分9Pな

をしてみてください。どんな些細《ささい》なことでもかまいません。「?」マークでも、行の下の句読点《くとうてん》でもかまいません。そしてそれを手がかりにして、そのそばに何があったか、「?」マークの上は疑問形で終わっているはずだなどと、想像力を働かせてください。思い出す単語の順番はムチャクチャでかまいません。そんなことは気にせず、どんどん進んでください。

記憶力の強化方法はいろいろとありますが、ここで少しそのポイントを解説しておきましょう。

①まずは、直観的な印象を強化することです。初対面の人でも特徴のある顔はよく憶えているものです。「鼻が大きい」とか「目が細い」などといった最も特徴のある部分を記憶しておけば、あとは容易に連想できるものです。

②実は、「連想」がひじょうに大切です。たとえば「学校」という単語を思い出したとしたら、「教室」はなかったか、「先生」「生徒」はどうかと考えてみてください。あらゆる事物はお互いに関連しあって存在しているものです。ひとつのものが浮かんだら、それがなぜ、そこに存在したのかを考える習慣をつけてください。

③記憶する対象に興味を抱くことも大切です。興味の湧《わ》かないものに食指が動くわけはあ

りません。嫌なことは、すぐに忘れようとするのが人間の頭脳です。常に好奇心を働かせるようにしてください。

④言葉をイメージや映像に置き換えて、頭のなかに保存するのもよいでしょう。映像は右脳、言葉や文字は左脳で記憶されますが、印象の深さと鮮明さは右脳が優《すぐ》れているのです。また、むずかしい専門用語が登場したときなどは、大学の教室で先生が講義をしているイメージと結びつけて憶えておけば、思い出しやすい傾向があります。

⑤憶えていることを忘れないためには、同じことでも、何度も思い返してみるのがよいでしょう。思い出すたびに記憶は強化されていくものです。

電車内の週刊誌広告で記憶力強化訓練

私たち協会のインストラクターのもとには、記憶力強化方法に関するユニークな方法が、いろいろと集まっております。

どれも日常の生活のなかでさりげなくできることですから、気軽に応用してみてください。

楡宏子《にれひろこ》さんは、電車のなかで週刊誌の車内吊り広告を利用する方法を勧めてくれました。広告を五秒間見つめてから目を閉じて、どこに何が書かれていたかを思い出すというものです。

これが身についてからは、スケジュール表を作らなくても、自分の行動予定はちゃんと頭のなかにインプットされていて、予定の前には思い出すので、メモ帳が必要なくなったと彼女は言っています。

稲村《いなむら》みち子さんは、駅などの人ごみで人の顔を流し見ながら直観力を養ったということです。対象への直観的把握力を高め、うまく特徴をつかむためにはもってこいの方法だといえます。

尾崎厚美《あつみ》さんは映画の看板やポスターを利用して連想力と想像力に磨きをかけました。数行のキャッチフレーズと一枚のスチール写真から、まず映画のストーリーを頭のなかで思い描いてみるという方法です。そして映画を見て、どの点が自分の想像と合致していたか、どの点が合致しなかったかを点検して、正確さを高めていきます。これは映画ファンの人にはもってこいの方法でしょうし、安上がりにやろうと思えば、新聞のテレビ欄を利用しても応用できるものです。

これで《ステップ3》は終了します。

しかし、どうしても六〇〇〇字の目標に到達できないという人は、繰り返し同じトレーニングに励んでください。

このステップは、スピードが最優先なので、それを頭に置くことを忘れずに。

《ステップ4》一分間で一万字以上
(4) スーパー速読インストラクター・コース

脳の新しい回路の開発が、新しい世界を開く

《ステップ4》に訓練期間の目安はありません。ここまでくると、個人差が大きくて、一般的な目標達成期間など意味をなさないからです。

《ステップ4》には、終了もありません。一分間に一万字以上。何万字でも、何十万字でも訓練の内容は同じなのです。

訓練の基本的な内容は、《ステップ3》とまったく同じです。

では、いったい六〇〇〇字と一万字の差というのは、どこにあるのでしょうか。

それは、これまでしつこいくらいに強調してきた内面的な感性の問題なのです。

丹田呼吸を開始すれば、すぐに自分の無意識の世界に没入できる能力――それまで身を

置いていた環境、つまり会社、仕事、家庭といった煩雑《はんざつ》な人間関係などへの意識を断ち切ってしまえる能力は、感性に支えられるところが大きいのです。

丹田呼吸は、ふだん無意識の底に潜んでいる本当の自分の姿を表面に連れ出すひとつのきっかけです。生理的に見れば、スローペースの呼吸によって自律機能を高め、血液中にたっぷり取り込んだ新鮮な酸素を脳や内臓に送り込む働きですが、血液の二〇パーセントが集まっている脳は、それによって新陳代謝機能を高め、活発な活動を開始します。これまで使用されていなかった脳の新しいチャンネルが回路として使われ、ふだんなら思いもつかないような発想も生まれてきます。お酒を飲むと、次から次へとさまざまなイメージが浮かび上がってくるのと同じだといってよいでしょう。また、内臓の鬱血《うっけつ》が浄化され、体の機能が活性化することも重要です。

人間は、ふだんの生活のなかでは、無意識のうちに自分の限界を設定してしまっているものです。ことに、生存競争の激しい現代のような社会では、かつて競争に敗れた経験、挫折《ざせつ》した経験が無意識のなかで、自分に足枷《あしかせ》をはめ、能力の自由な発揮の妨《さまた》げとなっているものです。

丹田呼吸は、その足枷をはずための無意識のポイント切換え作業だといってもよいでしょう。一度無意識のなかに自分を解放し、そこから新しく飛翔《ひしょう》するためのひとつのステップなのです。

マイナス・イメージは、百害あって一利なし

人間の能力の発揮を最も妨《さまた》げるのは、自分に対するマイナス・イメージです。ひとたび否定的なことを考えると、脳は拒絶反応を起こし、もはや、その領域から一歩たりとも足を踏み出すことができなくなってしまいます。いくら訓練をまじめに積んでも、いっこうに効果が現われないという人の根本的な原因はここにあるのです。ぜひ、「やればできる」という前向きな姿勢で訓練に、いや人生そのものにチャレンジしていただきたいものです。

そしてもうひとつ、前向きにチャレンジする姿勢ができあがったら、今度は集中力を高めることに全力を注いでください。同じようにページを見つめているのでも、集中力の度合いによって内容の理解度には極端に差が生じるものです。

いくらスピードがついて、一分間に数十ページ眺められるようになったところで、理解がともなわなければ何の意味もありません。せっかく速く眺めるスピードを身につけて

も、理解できないままでは、書物に対する好奇心が消え失せ、すぐにまたもとのペースに戻ってしまいます。いや、中途半端に身につけた速読の能力は、内容の理解をなおざりにしてしまうため、書物に対する興味を失わせ、ひいては消極的な人間をつくる結果を招かないともかぎりません。

一回や二回、一〇回や二〇回練習をしたところで、それは訓練とは呼べません。一〇〇〇回でも一万回でも積み重ねてこそ、はじめて本格的な訓練と呼べるのです。

内容は毎回同じです。けれども、全身全霊で打ち込めば、毎回毎回、違った新鮮な感覚が得られるものなのです。それでこそ訓練が楽しくなり、いつまでも続けられるのです。

読者の皆さんが、自分の能力に全幅の信頼を置いてトレーニングに励んでくださることを願ってやみません。

訓練法は、《ステップ3》の基本訓練（1〜7）を行なった後、次の三つの訓練を行ないます。

8　判断力訓練（例題は167ページから174ページまで）

9　脳の活性化訓練（例題は175ページから179ページまで）

10　本読みトレーニング《ステップ2》の139ページ参照）

判断力訓練、脳の活性化訓練は、直観力を鍛えるための訓練です。絵や図形を数秒見て、次の瞬間にそれらについての情報を整理していくのです。スペースの都合で、例題は少ししか載せられませんが、このようなパズルは、いろいろな雑誌や書籍に載っていますので、それらを利用してください。また、小さめのジグソーパズルを用意して、できるだけ短時間でやってみるのもよいでしょう。

本読みトレーニングは、これまでの総仕上げです。スーパー速読の実践と変わるところはありません。つまり、一ページを一目で見て理解するわけです。比較的簡単な本からむずかしい本へ、字の大きな本から小さな本へとレベルアップしていくとよいでしょう。

一分間で一〇万字、二〇万字を読むことに対しては、実用的な意味あいから疑問視する人もいますが、大切なのは向上心であり、また速読によって開発された潜在能力で、他の分野の新しい世界を体験できるということでしょう。

8 判断力訓練

〈例題1〉 左の数字を5秒間見て、次ページの問に答えなさい（解答次ページ）。

201

181

85

858

505

701

80

333

118

問

① 三ケタの数字はいくつありましたか。

② 偶数はいくつありましたか。

③ 同じ数字ばかりが並んでいるものがありましたか。あったらその数字は何ですか。

④ 一番多く使われている数字は何ですか。

〈解答〉

① 7個　② 3個　③ 333　④ 1、8

〈例題2〉 3つの熟語ができるように、□の中に漢字を入れよ。

（解答次ページ） **制限時間10分**

① □ ― 昇　下　達

② □ ― 互　手　違

③ □ ― 句　対　頂

④ □ ― 意　心　定

⑤ □ ― 引　弱　制

⑥ 広　予　報 ― □

⑦ 年　時　現 ― □

⑧ 協　会　討 ― □

⑨ 公　利　冷 ― □

⑩ 未　往　到 ― □

〈解答〉

①上②相③絶④決⑤強⑥告⑦代⑧議⑨害⑩来

〈例題3〉三角形は全部でいくつあるか（解答はこのページの左下）。

制限時間5分

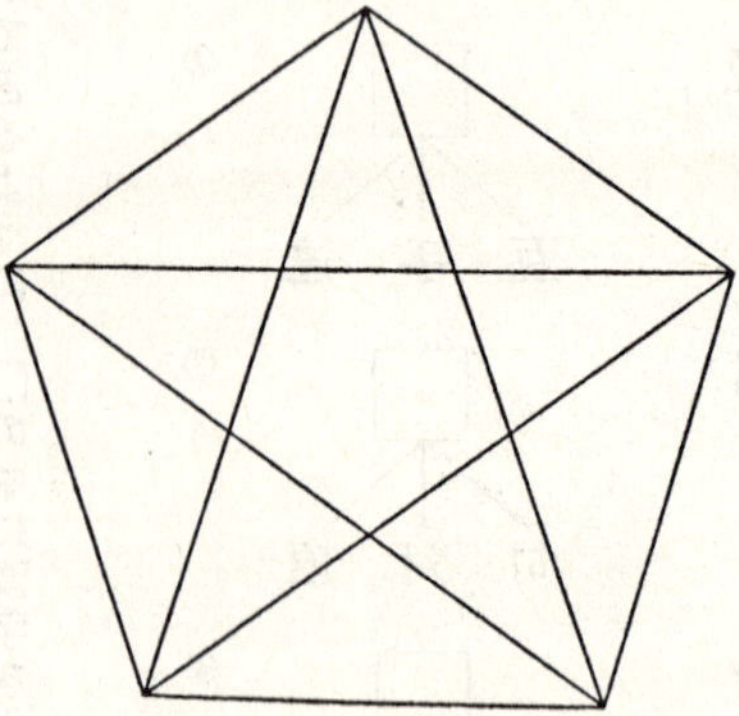

〈解答〉35個

〈例題4〉 左図を5秒間見て、次ページの問に答えなさい（解答次ページ）。

問

① 動物は何がいましたか。

② 楽器は何がありましたか。

③ くだものは何がありましたか。

④ 絵は全部でいくつありましたか。

〈解答〉

① ネズミ　② 木琴、タンバリン　③ バナナ、オレンジ　④ 12個

〈例題5〉 例にならって表の中の文章を読みとりなさい（解答次ページ）。**制限時間5分**

（例）

サ	ク	ラ
イ	サ	ガ
テ	イ	ル

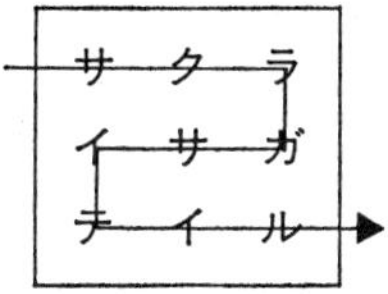

サクラガサイテイル

①

ワ	ニ	ヒ
ノ	イ	ロ
チ	カ	ゲ
ダ	セ	ヨ
モ	ト	ウ

②

キ	シ	ツ	ニ
ス	ニ	ハ	ポ
バ	タ	メ	ン
ク	ラ	レ	グ
ニ	イ	シ	マ

〈解答〉

①

セカイニヒロゲヨウ
トモダチノワ

②

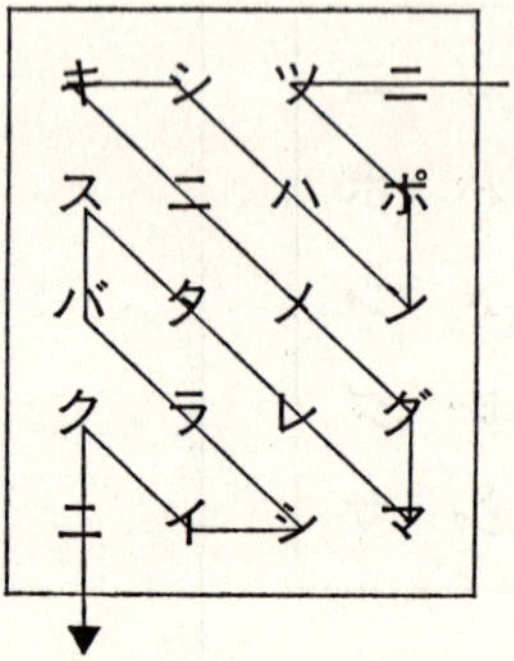

ニッポンハシキニメグマレタ
スバラシイクニ

9 脳の活性化訓練

〈例題1〉 マッチ棒8本で作った魚を3本だけ動かして、左向きから右向きにしなさい（解答次ページ）。**制限時間5分**

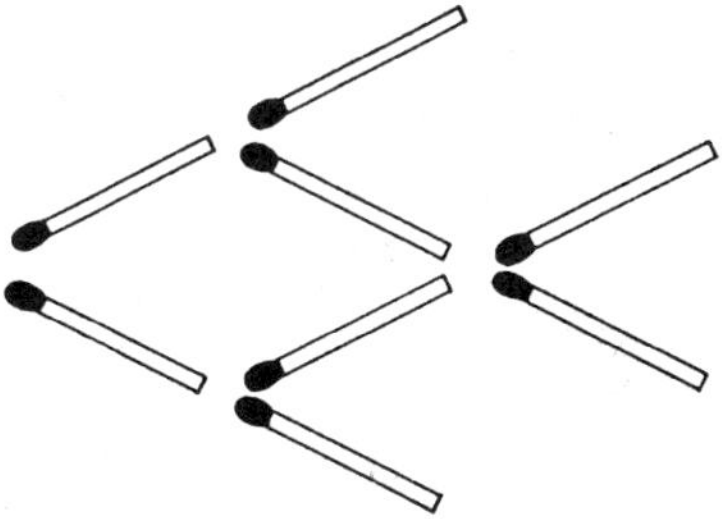

〈解答〉

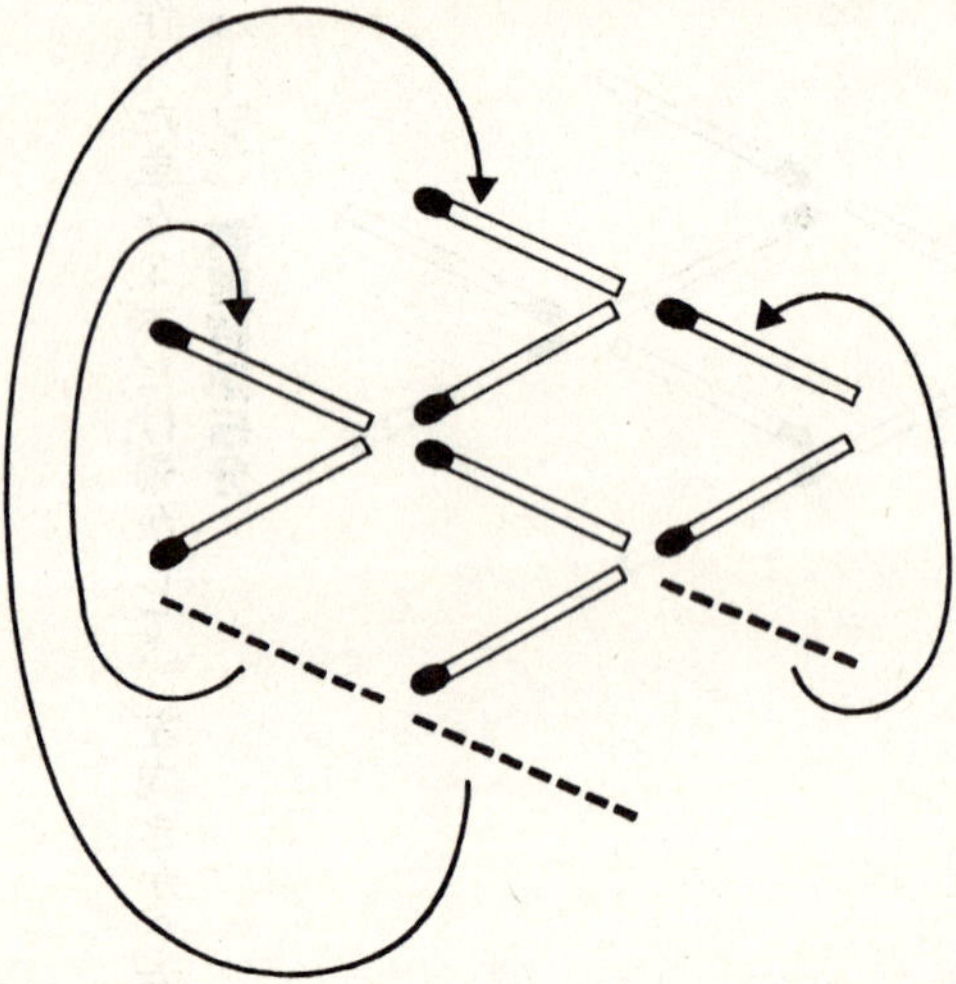

〈例題2〉 5つの点を直線で続けて結ぶ方法は、図の方法以外に、いくつの方法があるか（解答次ページ）。**制限時間5分**

（例）

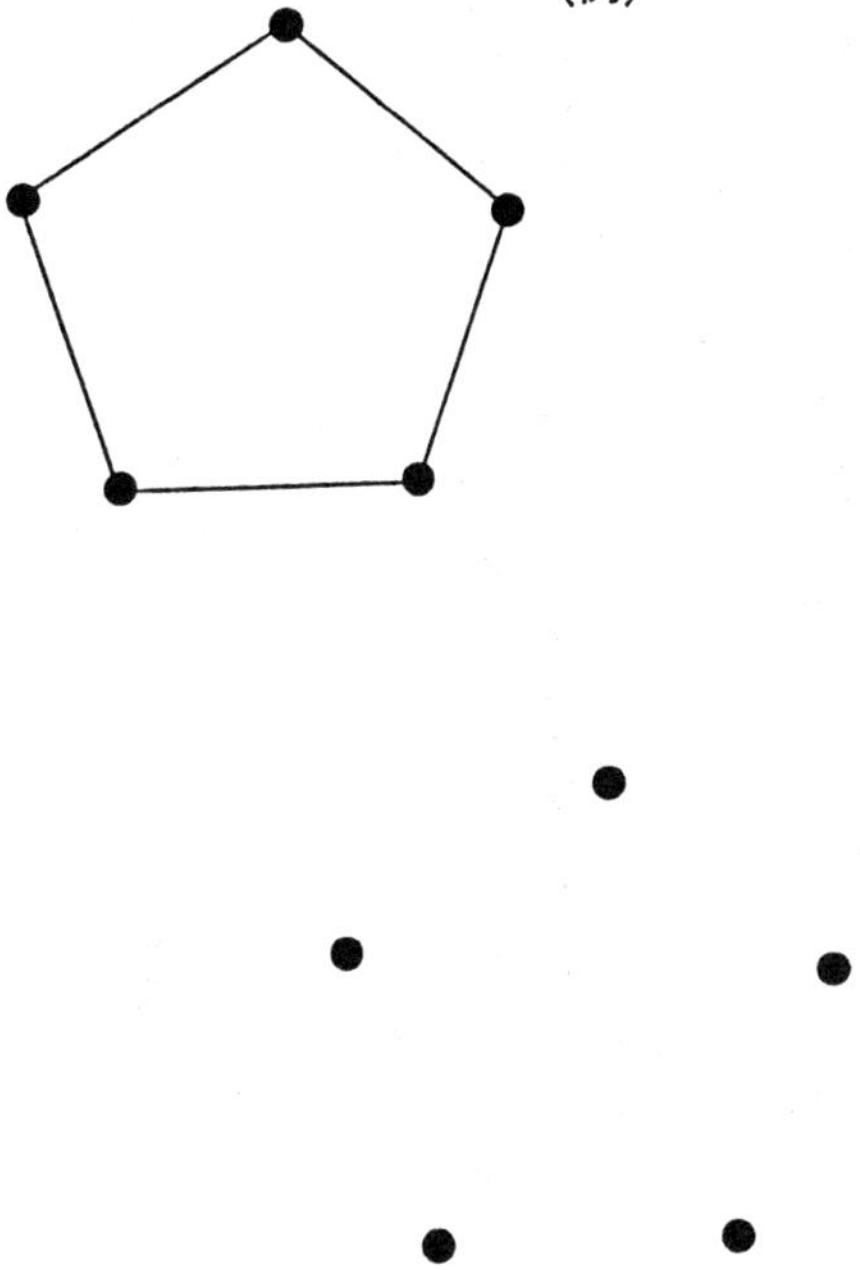

〈解答〉

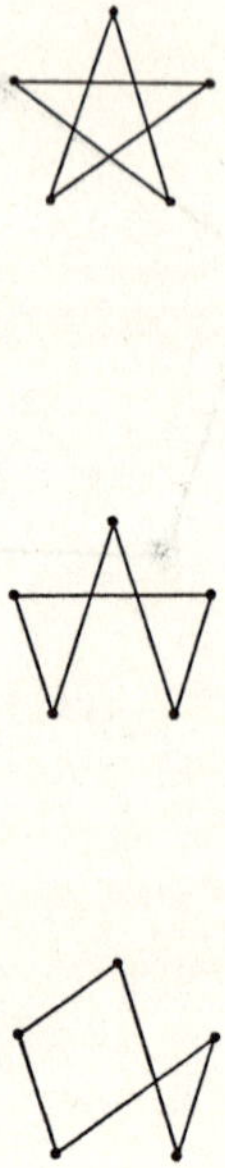

〈例題3〉縦、横に2つの言葉ができるように、まん中にカタカナを入れなさい（解答はこのページの左下）。**制限時間5分**

①

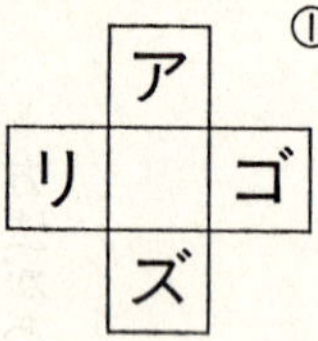

②

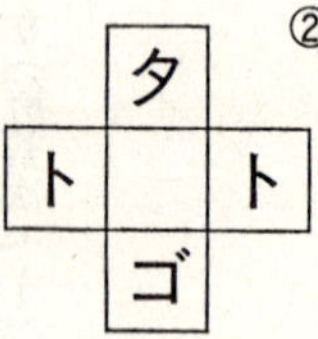

③

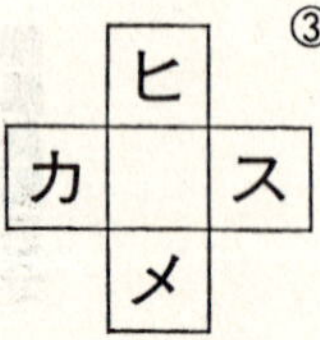

〈解答〉
① ン
② マ
③ ラ

〈例題4〉ひもの両端を引っ張ったとき、結び目ができないのはどれか
(解答はこのページの左下)。**制限時間5分**

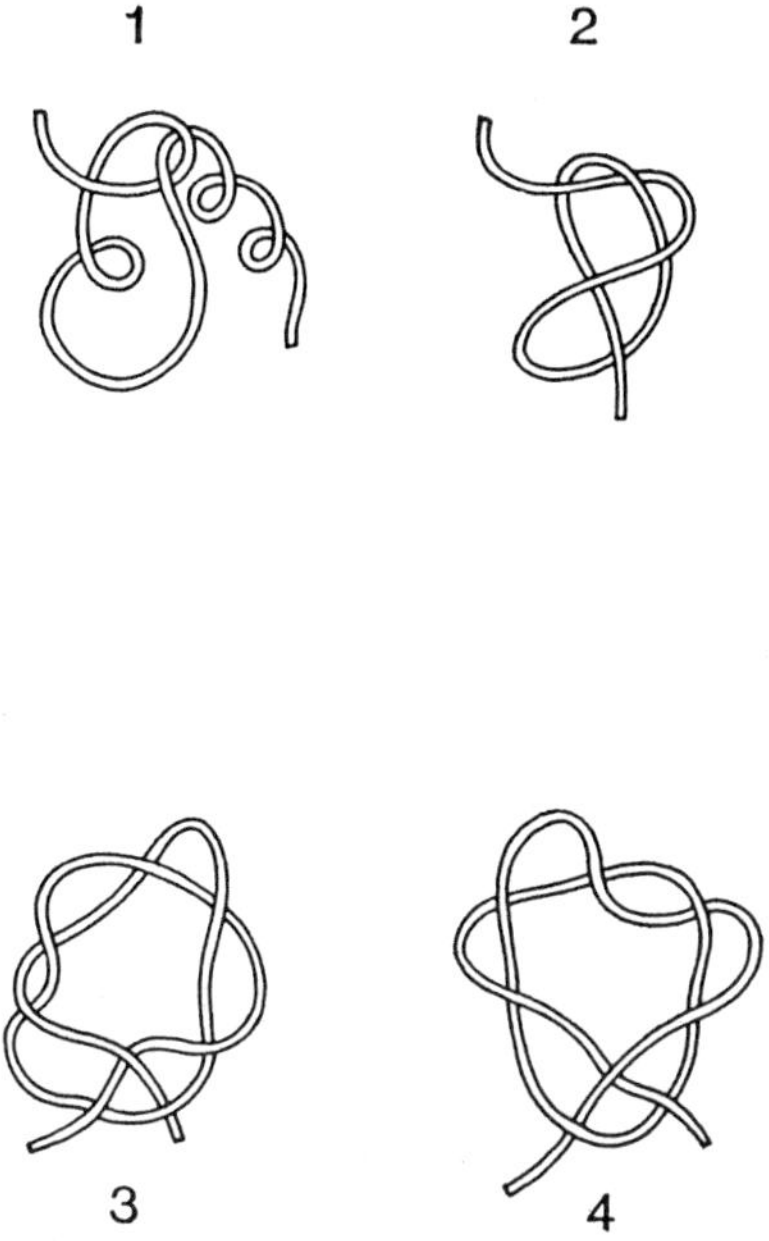

〈解答〉4

3章　α《アルファ》波こそ、スーパー速読の秘密

――なぜ速読訓練で集中力が発揮できるようになるか

解明されはじめた集中力とα波の関係

〝一冊を一分〟というスーパー速読の世界は、従来の読書常識を根底からくつがえしました。世間に紹介された当初は、何かうさんくさいものと思われがちでしたが、これまでに述べたように現実に〝一冊を一分〟で読める人がどんどん出現してしまうと、社会的にも認知されるようになりました。

そして、一方で、「なぜそれが可能なのか」を解明するための科学的根拠も、多くの人々に理解されるようになってきました。

具体的に言えば、脳波測定とその分析が、人間の脳の働きや精神活動、心理状態などの解明に大きな成果をあげはじめたのです。

その糸口となったのは、一九六九年、アメリカのカリフォルニア大学サンフランシスコ校の心理生理学教授、ジョー・カミヤの研究でした。日系二世のジョー・カミヤ教授は、日本から禅の高僧、鈴木大拙《すずきだいせつ》を招いて、彼が坐禅をしているときの脳波を測定し、精神状態と脳波の関係に初めて科学のメスを入れたのでした。

そして、坐禅中には、α《アルファ》波という脳波が特異的に出ていることを発見しました。脳波は、一秒間に何回振動するかによって、ヘルツという単位で表示されますが、α波とは、八〜一四ヘルツの脳波のことです。

「禅の高僧は瞑想中にα波を出している」という事実は、当時のアメリカ人に大きな衝撃を与えました。というのも、一九六〇年代のアメリカ社会には、ベトナム戦争をきっかけに、既成の価値観への懐疑が拡がっていたのです。現象的には、ヒッピーが出現し、科学文明から自然への回帰がブームになっていました。

そして、それはアメリカ人に禅やヨガといった東洋哲学に目を向けさせることになりました。

ジョー・カミヤの発見は、こうした風潮に一つの科学的バックボーンを与えることになったわけです。

これ以後、現在までの間に脳の研究は目覚ましい発展を見せました。脳内物質の発見や右脳・左脳の機能分割論はその代表的なものでしょう。

また、最近では、バイオフィードバック（生体自己制御《せいぎょ》）装置の開発にともない、α波についての研究でも新局面を迎えています。

独自のバイオフィードバック装置を開発し、脳力開発研究所で脳波と精神状態の研究をしている志賀《しが》一雅《かずまさ》氏は、「たしかに高僧の瞑想時にはα波が出ている。しかし、一般の人間がウトウトしている状態の時にもα波は出ており、これを同断に論じるのはおかしい」として、著書『潜在脳の発見』（ノンブック／祥伝社刊）の中で、α波を、スローα（八～九ヘルツ）、ミッドα（九～一一ヘルツ）ファストα（一一～一四ヘルツ）の三つに分けて考えようと提案しています。

志賀氏によると、人間が集中力を発揮している状態では、α波が優勢ではあるが、α波が出ているから集中力が発揮されているとはかぎらない。つまり、集中力発揮において、α波は必要条件ではあるが、十分条件ではないというわけです。

バイオフィードバック装置で調べた速読の脳波

これについては、日本速読協会の実験でも思い当たることがあります。日本速読協会では、バイオフィードバック装置を使って、訓練中の会員の脳波を測定させてもらっていますが、一分間に六〇〇〇字以上のスーパー速読者は、訓練を始めるとすぐにα波が出現します。ところが、まだほとんど速読の訓練をしていない会員からは、β《ベータ》波（気が散っていたり、緊張したりしている時の脳波）ばかりが出ています。

そして、時としてα波が優勢になっても、被験者に聞いてみると、「ボーッとしていた」

という答えが返ってくることがあります。志賀氏が、同じα波でも区別して考えるべきだと述べているのは、このことでしょう。

さて、次ページの図を見てください。これは、昭和六十一年二月に入会した小林《こばやし》実《みのる》さんの脳波を追跡測定した結果です。図①は、訓練初日に測定したものです。測定時間二五〇六秒（四一分四六秒）のうち、七九・三％の一九八七秒がβ波（一四ヘルツ以上）でした。α波は、スローα、ミッドα、ファストαの三つを合わせても全体の一五・九％の三九八秒（六分三八秒）しかありません。四・八％（一二〇秒間）出現しているθ《セータ》波（四〜八ヘルツ）とは、意識が低下してウトウトしているようなときに出る脳波です。

図②は、三月二日、スーパー速読の訓練を始めてから約一ヵ月後の訓練中の脳波です。測定時間は二一〇〇秒（三五分）です。初日に較べると、七九・三％だったβ波が四七・八％と、大幅に減っています。そしてその分、α波、ことにミッドαが増加しています。このときの小林さんの速読能力は、一分間に四五〇〇字、訓練前に較べると一〇倍近いスピードになっていました。

小林さんは、測定後、ミッドαが増加していることを知らされると、次のように感想を述べました。

◉速読訓練による脳波の変化

被験者：小林 実さん(29歳)

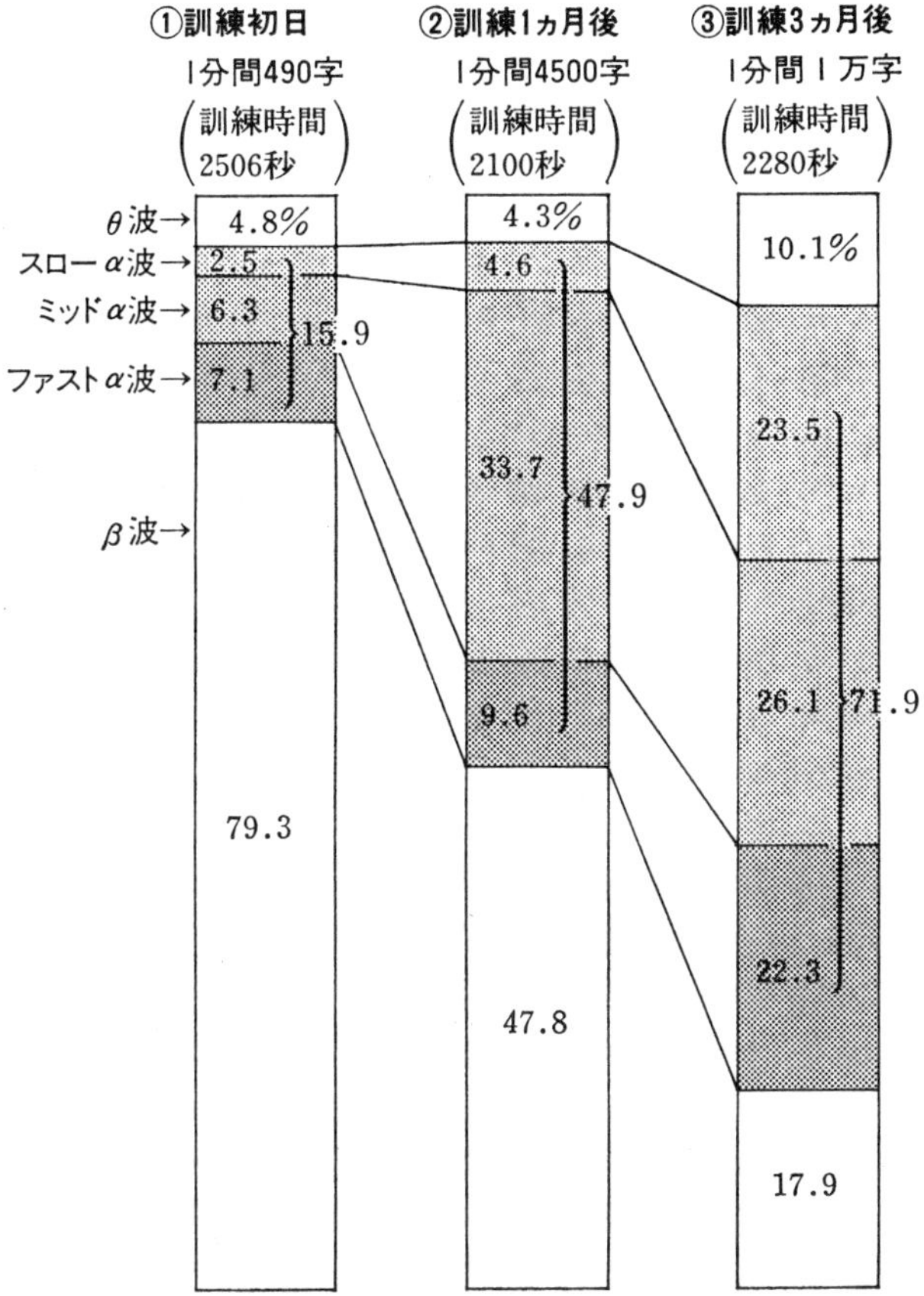

「訓練中に〝まよい〟がなくなったのが大きいのではないかと思います。訓練を始めた頃は、『本当に自分も読めるようになるだろうか』と思ってしまったり、思うように丹田呼吸ができなくてイライラすることが多かったのですが、今ではそれがありません。三〇〇字のレベルを突破した頃から、自信が出てきて、たとえ訓練中に他のことが気になりだしても、すぐに気を取りなおして意識を訓練に戻すことができるようになりました。

丹田呼吸も、自分なりにできるようになったと思っています。ペースは一分間に五回くらいで、少し早いのですが、私にはそれくらいが一番苦しくなく、意識せずにできます」

小林さんは、この後、バイオフィードバック装置に興味を持ち、時折横浜の日本速読協会の本部を訪れては脳波を測定しています。五分から一〇分ほど眼を閉じて丹田呼吸をし、できるだけ早くα波が出せ、しかも長続きするように訓練しているとのことでした。

図③は、訓練開始後三ヵ月、五月四日の訓練中に測定した小林さんの脳波です。β波が著《いちじる》しく減り、全体の一七・九％しか出ていません。そして、α波が、七一・九％に増えています。これを訓練初日の脳波と比較すると、α波とβ波の比率がまるで逆転しています。七割以上を占めるα波の内訳は、スローα、ミッドα、ファストαがほぼ均等です。

訓練開始後一ヵ月の脳波（図②）と較べるとミッドαが減少し、スローαとファストαが増加しています。小林さんは、訓練開始後三ヵ月で一分間一万字のレベルまで上達しましたが、α波の変化がこれに関係したものか、それとも小林さんの精神状態の変化によるものなのかは、今後の研究テーマとなっています。

速読訓練期間とα波増加は、ほぼ比例

同様の脳波測定を何人かの会員の方にお願いしていますが、α波の内訳については、被験者によってバラツキがあり、現時点で何らかの結論を出すことはできません。しかし、訓練が進み、速読能力が上昇するにつれ、α波の出現率が高くなることは、すべての被験者に共通です。つまりスーパー速読法の訓練により、脳の働き方に変化が起こり、それがα波の増加となって測定されているわけです。

ただ、おもしろいことに、α波の増加が、訓練期間と、速読能力の上昇のどちらに、より近いかというと、訓練期間に近いのです。つまり、訓練期間とα波の増加は、ほぼ比例しているようなのです。ところが、α波が増加しているのに、速読能力は横ばいという例が時々みられるのです。速読能力の上昇は、きわめて個人差が大きく、ある日、突然二倍以上も伸びるということが起こります。多くの人が述べているように、本当にある日突

然、一ページ全体が目に飛び込んでくるという体験をするわけで、それまでは、ほとんど横ばいだったりします。しかし、その横ばいの期間にも、α波の出現率は高くなっているのです。

これは、丹田呼吸などの訓練で養われた集中力が、何に向いているかということに関係しています。つまり、訓練によって集中力が養われていたとしても、それが読もうとしている本に向けられるかどうかという問題です。言い換えれば、訓練には集中できるが、読書には集中できないという事態です。

なぜこうしたことが起こるかというと、これは、頭の中での音読によるものです。丹田呼吸法や一点集中法などの基礎的訓練では、文字を使用しないために意識が対象に集中しやすいのですが、実際に文字を読むとなると、頭の中での音読のクセが抜けないために、スピードが出なくなってしまうわけです。

訓練中のα波は増加しているのに、速読のスピードは横ばいだという悩みは、こんなところに原因があるのです。

しかし、心配はいりません。文字をブロックで見ることさえマスターすれば、集中力はついているのですから、急激にスピードが出てきます。もし、自分がそういう状態だと思ったら、2章の文字、記号訓練を集中的に行なうようにしてください。

丹田呼吸は、脳波にどんな影響を与えるか

次に193ページの図④〜⑥を見てください。これは、丹田呼吸とα波の関係を調べるために測定した脳波です。被験者は、日本速読協会で事務をしている新井《あらい》純子《じゅんこ》さん（二五歳）で、速読能力は一分間に六〇〇〇字くらいです。

まず、図④は、新井さんが普通に仕事をしている時の脳波の内訳です。電話をとったり、しゃべったりすると、比較ができなくなりますので、書類の整理だけを行なってもらいました。一九四八秒（三二分二八秒）のうち、約半分の時間がβ波優性です。

図⑤は、まったく同じ内容の仕事をしてもらっての測定ですが、仕事を始める前に目を閉じて丹田呼吸を二分間してもらい、「無理しなくてもけっこうですが、仕事中も丹田呼吸を心がけてください」と言って測定したものです。終了後に聞いてみると、「自分なりに丹田呼吸のペースをつかんでいますから、ほとんど意識せずに続けられたと思います」ということでした。

さて、脳波を見てみると、二二三〇秒（三七分一〇秒）のうち、β波がなんと一三・一%

になっています。α波は六三・四%で、図④の通常の事務に較べると、倍近くにまで減少しています。

その他では、丹田呼吸をした場合には、θ《セータ》波が増加しています。θ波は、四～八ヘルツの脳波で、まどろんでいるときや睡眠中に出るものです。仕事中にこれが出るということは、若干《じゃっかん》、眠気を感じていることを意味しますから、あまりよいことではありません。

しかし、新井さんの場合のθ波は、明らかに丹田呼吸法によって誘発されたものです。

丹田呼吸や腹式呼吸、あるいはヨガの呼吸法には、脳波の周波数（ヘルツ）を下げる作用があり、β波の状態でこれを行なうと、脳波の周波数が下がって、α波が出はじめます。ここでその状態を維持し、物事に集中できればよいのですが、一般の人にはそれがひじょうにむずかしいといわれています。このため、呼吸法によって脳波の周波数が低下しはじめると、β波からα波へ、そしてθ波にまで低下してしまうのです。ですから、一般の人が、α波状態を維持しようとした場合には、一度完全にリラックスして、脳波をθ波まで落とし、そこからα波の状態に引き上げるという方法が採られています。

精神および肉体の緊張状態を自在にコントロールしようという『自律訓練法』や『シルバ・マインド・コントロール』では、心身を完全にリラックスさせることが基本になって

◉丹田呼吸による脳波の変化

被験者：新井純子さん(25歳)

速読能力１分間6000字

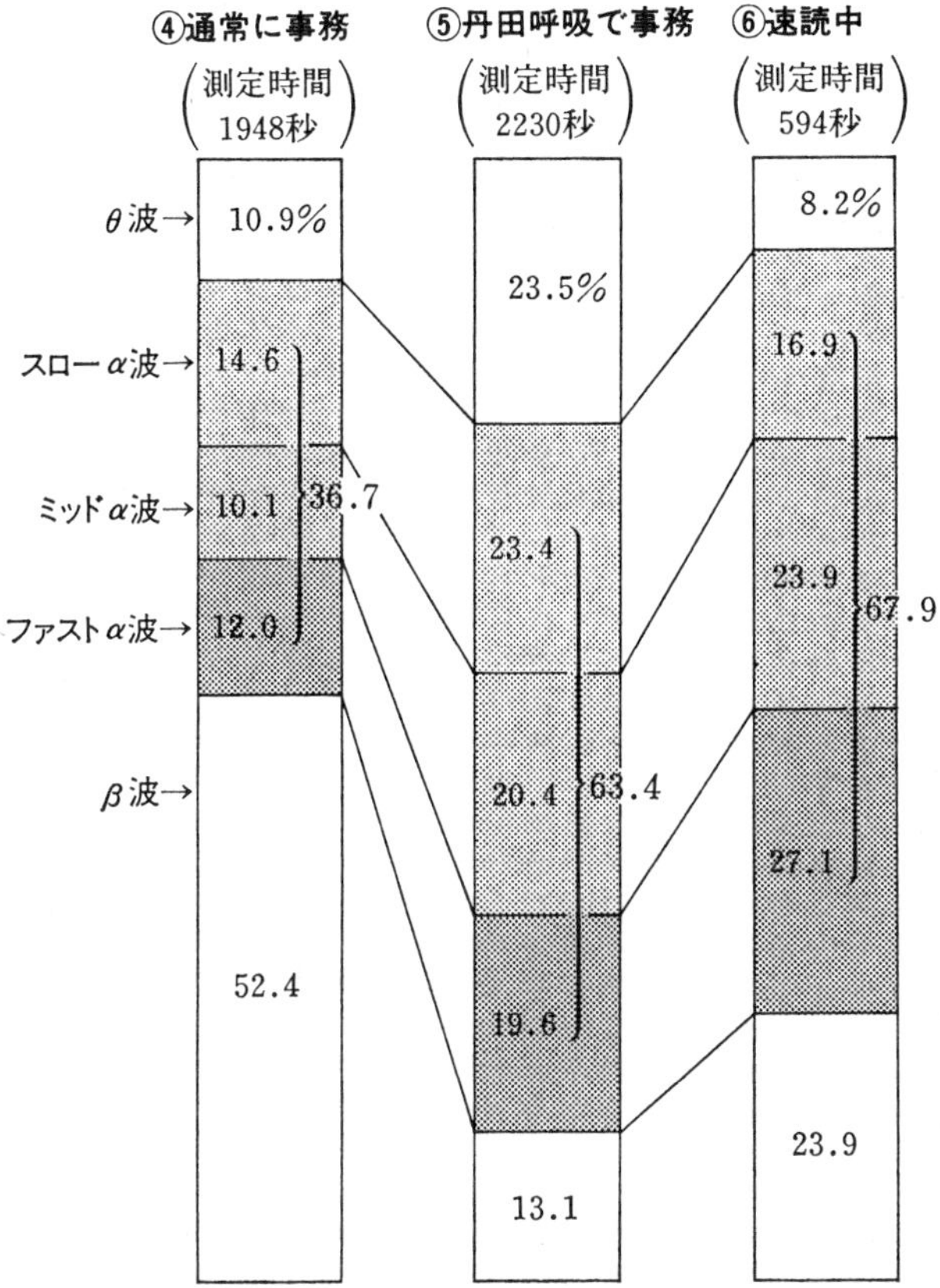

います。

ですから、丹田呼吸法によって、眠気を感じたり、意識が低下してくることは、きわめて自然なことです。ただし、そうした状態から、意識を自分の集中すべき事柄に向けていくことを忘れてはなりません。

丹田呼吸をしながら事務をしてもらった新井さんの脳波に、θ波が増えていたのには、このような理由があるのです。

次に図⑥を見てください。今度は新井さんに、スーパー速読で本を読んでもらった時の脳波です。時間は約一〇分ですが、丹田呼吸で事務をしている時に較べ、α波とβ波が増え、θ波が減少しています。ここから新井さんの精神状態を類推すると、丹田呼吸で事務をとっている時よりも眠気がなく、むしろ緊張の度が増したのではないかと考えられます。

実際、新井さんも、普段やっている事務の時よりも、脳波を測定しながらの読書のほうが緊張したと言っていました。また、事務をとってもらった時のほうがだいぶ時間的に長かったことも、脳波の内訳に影響を与えていると思われます。

このように、スーパー速読と脳のα波状態には、密接な関係があることが、次々に解明されつつあります。また、眼機能との関係も、現在いくつかの大学で研究が進んでいます。おそらく、ここ数年のうちにスーパー速読の科学的根拠が明確に立証されることでしょう。

しかし、すべてが立証され、効果が保証されなければ、採り入れないという考え方では、これからの時代に取り残されてしまいます。今、私たち日本人に問われている資質は、新しい技術や文化を自分たちの手で作り上げていけるか否《いな》かです。

そういう時代にあって大切なのは、誰かが保証してくれるかではなく、自分はどう思うかではないでしょうか。もし、あなたが、スーパー速読の無限の可能性を信じるなら、まず自分でやってみることが、新しい世界へ踏み込む第一歩なのです。

4章　〝1冊を1分〟の世界

――ビジネス、趣味、健康などあらゆる分野で驚異的効果が

(1) スーパー速読でビジネスも絶好調
――精神の安定、眼機能のアップで疲れ知らずに

右脳の活性化で甦《よみがえ》った潜在脳力の驚異！

速読の素晴らしさ、それはただ単に文字を速く読めて、理解力や記憶力のアップにつながるということだけではありません。もしそれが究極《きゅうきょく》の目的だとすれば、たぶんこれほど多くの人からの反響は得られなかったでしょう。

もちろん、そうした基本的な能力の開発も大切ですが、その結果として日常生活の中のさまざまな場面で出会う副次的な効果、それを体験することで初めて「スーパー速読」の本当の素晴らしさを知ることができると言えましょう。

すでに何度も説明したように、スーパー速読法の目的は、使われずに眠ったままになっているあなたの脳を甦《よみがえ》らせ、活性化することにあります。けっして小手先の技術を習得するものでないことは、もう充分お分かりいただけたでしょう。速読の訓練をしていくことで、脳、とくに右脳の機能が開発され、人間本来の持つ素晴らしい脳力が発揮されてく

ることを、きっと何らかのカタチで自覚されるはずです。

実際、速読を始めた方に話を聞いてみると、本を速く読めるようになったということ以外に思いがけない効果を体験して、人生に新たな喜びを見いだしたり、それによって大きな目的を達成し、成功を手中に収めたという例は数多くあります。1章でも述べた「受験突破」の体験談もそのよい例です。高校、大学入試に速読法を活用して見事に志望校合格の夢を果たした受験生たち、また司法試験や会計士などの資格試験に向けて速読法を役立てた社会人。それぞれ目標を掲《かか》げて速読の訓練に取り組み、その成果を〝合格〟というカタチで達成したのです。

しかし、スーパー速読の威力はこれだけにとどまりません。数えあげればキリがありませんが、ビジネスに、趣味に、スポーツに、健康に、ハッと驚くような効果を発揮してくれるのです。

たとえば、ワープロの入力スピードがアップした、書類の点検洩《も》れがなくなり正確になった、事務処理がスムーズになったなどのビジネス面でのプラス効果、テニスやゴルフ、野球などでボールのとらえ方がうまくなったというようなスポーツ面での効果、あるいは丹田呼吸によって不眠症や肩凝《こ》りが治ったり、眼筋強化法で視力がアップするといった健

【速読スピード】と【トレーニング時間】

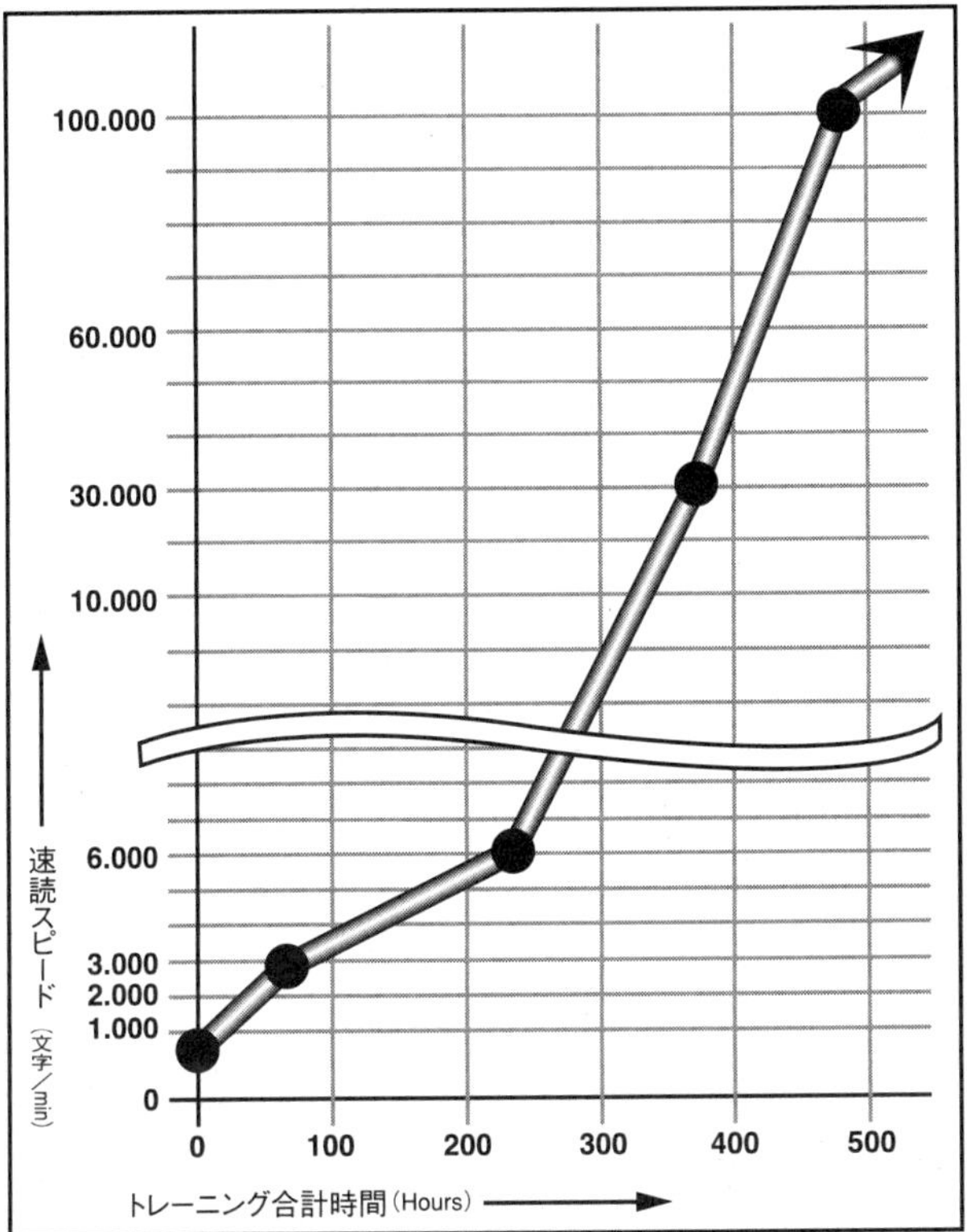

検定試験の合格級	トレ開始時	4級	3級	2級	1級
速読スピード（文字／min）	800	3.000	6.000	30.000	100.000
トレーニング時間	0	96	219	395	488
トレ開始から経過日数	0	97	251	468	853

日本速読協会検定試験1級取得者4人のトレーニング結果にもとづく

康面にまで、その効果は及んでいるのです。

それでは、実際に速読法によってこうした効果をあげている会員の方々のレポートを、ここにご紹介することにしましょう。

残念ながら平成十三年に亡くなられましたが、「オリコン」の社長だった小池聡行氏も、そのおひとりです。

瞬時に状況をキャッチできることは、ビジネスの大きな武器

小池聡行《こいけそうこう》さん　(株)オリジナル・コンフィデンス社長

潜在能力の開発のために速読を

私は以前、ある雑誌を読んで、韓国に速読法というものがあることは知っていました。まだ小学生、中学生くらいの子どもが、一分間に何冊もの本を読みこなしていくという事実は、常識ではちょっと理解しがたいもののように思われますが、私にはそれを信じるのにさほど抵抗はありませんでした。

というのも、人間は、自分の知らない潜在能力を訓練によって引き出すことが可能

だということを、ここ数年来続けている拳法で実感していたからです。

拳法は健康維持のためにと始めたのですが、たまたまある人に紹介されて〝西野《にしの》流呼吸法〟のことを知り、それを拳法に採《と》り入れたのです。これは、西野バレエ団の団長の西野皓三《こうぞう》さんが独自に開発された呼吸法ですが、この呼吸法を用いることで、今まで味わったことのない力が体じゅうにみなぎり、底知れぬ力が湧き上がってくるような感覚を覚えるのです。

もちろん、実際に腕も上達し、かなり強くなりました。こうした体験がありましたので、やはり呼吸法を用いる速読法に対しても、とくに疑心は持ちませんでした。

それに、これは思わぬ副次的効果だったのですが、老眼が治りました。四、五年ほど前から新聞の文字が読みづらくなっていたのが、いつのまにか老眼鏡をかけずに読めるようになっていました。呼吸法による意識集中のおかげでしょう。ですから、呼吸法を用いる速読法の驚異的な成果も、私には何ら疑う余地はありませんでした。

それで去年、たまたま書店で『奇跡のスーパー速読法』（ノン・ブック／祥伝社刊）という本を目にしまして、早速、日本速読協会に加入し、週三日間（月・水・金）の集中講座を受講しました。

私が速読法をマスターしようと思ったのは、たしかに仕事上、新聞や雑誌、専門書などを数多く読まなければならない必要性を感じていたからでもありますが、もっと根本的に自分の潜在能力を眠らせておくのはもったいないと思ったことのほうが大きかったと言えます。

加えて、これは明らかに、その能力が「速く読める」「記憶力がよくなる」というカタチとなって現われますので、具体的な効果を実感できるという点で、私にとってはとても魅力的なものだったのです。

本来、私はそうした人間の未知の能力に対する好奇心が旺盛《おうせい》で、伊豆《いず》のお寺に坐禅を組みに行ったり、ヨガ道場で一〇日間の断食をしたこともあります。が、やはりそれによって、自覚できる何らかの効果がもたらされなければ、なかなか続けられないものではないでしょうか。

それでもまだ坐禅のほうは、寺の住職からいろいろと説法を聞くことができるので、何度か出掛けて行きましたが、断食による瞑想の修行は、まさに苦行でした。ここまでして、無の境地を極めようというほどの信念を持ち合わせていない私にとっては、やはりこれはただ苦しいばかり。

結局、その一度かぎりで止めてしまいました。こういったやり方は、目には見えない心身の変化はあるのかもしれませんが、なかなか実感できないということが、われわれ凡人には如何《いかん》ともしがたいところです。その点で、速読法はすぐに効果を見てとれるわけですから、私にとってはまさにうってつけでした。

頭の中に電話番号のファイルができている

集中講座を受ける前は、一分間に読める量はだいたい五〇〇〜六〇〇字程度でしたが、一ヵ月の講座が終わったときには、四倍くらいの速さで読めるようになっていました。うっかりすると、つい音読してしまいますが、だいたい二週間くらいで縦書きの一行を三分割して目読する方法をマスターしました。ただ、私は講座の時間以外はとくに練習をしませんでしたから、もしもっと熱心に取り組んでいれば、一〇倍くらいの速さにはなっていただろうと思います。これはけっして誇張ではなく、やれば必ずどんな人にもできるものであり、また個人差はあれ、必ずや上達していくものだということを、訓練の中から実感できたからです。

今のところ、週に二〜三回のペースで自宅に帰ってから呼吸法と眼機能の訓練をしていますが、この速読法を始めてから、読書スピードのアップもさることながら、生活の端々《はしばし》にその効果が顔を出し、それがビジネスのうえで大きなプラスになっていることは、まさに痛快です。

たとえば、私は仕事柄、いろいろな人に会う機会が多いのですが、「誰が、いつ、どこで、どんなことを言ったか」をちゃんと覚えているようになりました。まるで一枚ずつ写真を撮って、頭の中にファイルしているかのように。そのときの相手の服装や髪型までパッと目の前に再現されるのです。ですから、細かいメモをとったり、名刺の裏に覚え書きをしておかなくても、必要なときにはすぐに要件を思い出すことができます。

また、最近はほとんどメモを見ずに電話を掛けることができるようにもなりました。私のデスクの電話はプッシュホンですが、一度掛けると、その番号の位置をそのまま映像にして頭の中にインプットしてしまっているんです。「四〇五の……」というように音にして覚えているのではなく、押す順番の位置関係で覚えているようです。

とにかくこうした〝頭脳の若返り〟に、周囲が好奇の目を向けているのは、ちょっとばかり小気味よいものです。私くらいの年齢になると、どうしても物覚えが悪くなり、ド忘れすることも頻繁《ひんぱん》になるのが世の常ですから。

つい先日も、知人と食事に行った先でのこと、エレベーターに乗ってから、彼が目的の店が何階にあったかを忘れてしまったと言うのです。その店には、彼は何度か行ったことがあるのですが、私はまったく初めてでしたし、店の名前すら知りませんでした。にもかかわらず、私が事もなげに「その店は七階だよ」と答えたものですから、彼の仰天《ぎょうてん》した顔も想像がつくでしょう。

そのタネ明かしはこうです。私はエレベーターに乗る前に、何気なくフロアの案内ボードを見ていたのですが、エレベーターの中で彼が店の名前を言った途端、ボードの中のその文字とフロアナンバーが頭の中にくっきりと浮かび上がってきたのです。手品でも透視術でもありません。速読法による潜在能力開発の産物でしょう。

つまり、これは〝集中力の分散〞が行なわれているのだと思います。一点集中から、次第にその集中が分散して、視野に入るすべてのものに対して集中力を持つようになるのです。通常は、あるひとつのものを見ていれば、それしか目に入らないものですが、速読法によって脳のα波をトレーニングすれば、視野が拡がり、その中のすべてのものに対して無理なく意識を向けることができるようになるわけです。

昔、『宮本武蔵』を読んだときに、武蔵は前にいる相手の動きを見ながら、後方の数人の敵をも見分けられたと書かれていたのですが、彼はきっとα波の境地に到達していたのだろうと思えてなりません。ひょっとしたら一年後には、私にも背後の視界が開けるんじゃないかと、少々幻想的な夢を持ちつつ、速読法の効力を楽しんでいる毎日です。

坐禅や武道の経験者は、上達が早い

小池さんのように、坐禅や武道などで呼吸法を訓練したことのある人は、スーパー速読法の勘所《かんどころ》をおさえるのが比較的早いようです。

しかし、そうした呼吸法の効果、集中力の効用も、疑問を持ったり、不信感を抱《いだ》いているうちは、何ひとつ素晴らしい体験をもたらしてはくれないでしょう。

人間の潜在能力は、それを信じてこそ活《い》かされるのです。まるで宗教でも説くような言い方ですが、けっしてただの自己暗示ではありません。集中力を発揮する脳のα波状態というのは、雑念が消えたときに起こるからです。疑問や不信感は、このとき雑念となるわけです。

速読法の集中講座などで、よく固定観念や既成概念を捨てるようにと指導するのは、「これは無理だ」とか「これをやって何の意味があるのか」というような考えが、訓練の妨《さまた》げになるからです。

次にご紹介する広野さんは、そういう意味ではスーパー速読法をマスターするのにぴったりの人物です。毎日の訓練に、実に熱心に、そして素直に取り組んでおられます。

集中力の発揮の仕方が変わり、緩急自在に

広野婦美子《ひろのふみこ》さん（ビジネス・インストラクター）

ビジネス関係の情報収集に役立てたい

私の仕事はビジネス・インストラクターといって、企業内研修のときの出張講師として、主にコミュニケーションに関する実技を教えています。言ってみれば、ビジネスマンやOLを教育する先生といったようなものです。

ですから当然、経済やビジネス関係の書物を読むことが要求されるわけです。書評や新聞広告を見ては、話題性のあるものは必ず購入するようにしていますし、『日経ビジネス』や『プレジデント』は年間購読しています。

また、人を教育するという立場上、多岐にわたる幅広いジャンルの知識を備えておくことも必要になってきます。心理学や哲学、宗教学、社会学、文学など、深く掘り下げる必要はないのですが、ひととおりのことは吸収しておかなければなりません。

でも、いくらそうした知識や情報を得たいという気持ちはあっても、仕事に追われている毎日では、読書に費《つい》やす時間もままならないのが現実です。毎月送られてくる経済誌やビジネス書も、封を切らないままたまってしまい、「読まなくては」という強迫観念ばかりがつのって、一向に埒《らち》があきません。

こんな状態でしたから、テレビの番組で速読法があると知ったときには、何か救われる気持ちでした。速読法というものがあるということは聞いていましたが、こうして体系化されたものがあるとは思ってもみませんでしたから。

そこで早速、書店で速読法の本を求め、読んでみたところ、その理論や基礎トレーニングが実にしっかりしたものであることがわかり、即座に協会に加入したのです。

ただ初めは、もし速読ができるようになっても、内容の理解度が低下するようなら意味がないのでは、といった不信感を抱いていました。どちらかと言えば、じっくりと味わって読む、というのが私の読書のスタイルだったからです。

本を読んでいて、重要な箇所や気に入った表現があるとそこにアンダーラインを引いて、あとでノートに書き込む。それを読み返して、自分の中に蓄積するといったことが習慣になっていただけに、速読とのギャップを、気持ちのうえで埋めるのに手こずったのです。

でも、訓練を進めていくうちに、それが杞憂《きゆう》にすぎなかったことがわかりました。約五ヵ月経った現在、読む速度は一分間に六〇〇字から一八〇〇字に、三倍になったわけですが、読んだあと一～二日してみると、速読法で読んだ本の内容を、しっかり理解していることに気づかされるのです。

こうした体験の中で感じたのですが、速読法の理論に正当性を確認したなら、あとはただもう願掛《がんか》けの熱意がモノを言うのです。自分にプラスの自己暗示をかけることです。少しでも払拭《ふっしょく》しきれない疑問や不信感があると、結局それがアダになってちっとも成果があがらないということになるのではないでしょうか。

人の話を聞くときにも速読の効果が

速読のスピードだけで言えば、たしかに私は他の人よりスローペースです。仕事柄、どうしても論理的な思考が優先し、左脳を鍛練する習慣が長かったからだと思うのですが、それでもひたすら自分のペースを守り続けてこられたのは、この速読法の可能性を、他のいろいろなところに感じているからです。

たとえば講演のときなど、正面を向いて話をしていると、前列の両サイドは死角になるのですが、速読法を始めてからは部屋全体を把握することができるようになりました。右側を見ていても、左側でよそ見をしているとか、授業に身が入っていないというようなことがわかるのです。ですから近頃、よく研修生の方から、「先生は油断ができないな」って言われます。

これは、たぶん眼機能の訓練で視野が拡がったためなのでしょう。

また、これまで二〇人や三〇人いる研修生の名前を、その方の服装や、話の内容などで覚えていましたが、今ではすわっている位置で名前がわかります。教室全体をひとつの絵として認識できるようになったわけです。

それから〝集中力〟にも新しい変化が起こっています。授業の中で、生徒さんの話を聞いて、それを私が要約したり、再生したりすることがあります。これまでは、生徒さんの話を聞き洩《も》らしてはならないと思って緊張しどおしだったのですが、速読法を始めてからは、緩急自在《かんきゅうじざい》といいますか、うまくバランスがとれるようになりました。

それまで、自分でも集中力はあるほうだと思っていましたが、そこで自覚した集中力は、今までとは違った〝集中力〟です。リラックスしながらも集中できるという感じ。ですから、話の要点を的確に、しかも素早くキャッチすることができるようになりました。

「聞く」ことは、「読む」ことに比べて慣れていましたから、効果が現われるのも早かったんだろうと思います。

そして、このことはまた、私の生き方のフォームまで変えてしまいました。どうしても人の前に立つ仕事ですから、絶えず緊張し、構えていなくてはいけないと思っていたのです。厳しさが私のフォームだったわけです。ですから首や肩の凝《こ》りはもう慢性でした。

でも今は、思いきり弛緩《しかん》させることの必要性を感じています。丹田呼吸法によって、その指針が与えられたのかもしれません。

今は、一日に九〇分の練習、忙しいときでも、呼吸法と眼機能訓練だけは欠かしません。

書斎に積まれたままの本や雑誌の山を一気に崩せるのはまだ先のことですが、内側から感じられるこうした速読法の魅力に引かれて、これからますます訓練に熱が入りそうです。

スーパー速読法は、文字どおり「速く読む」ことを目標のひとつに掲げていますが、その根底を理解すれば、自分なりのアレンジの仕方や応用ができるようになります。

ここに登場する方々の体験談から、自分の生活サイクルや目的にかなった方法で速読法をマスターするのも、ひとつのやり方と言えるでしょう。

横浜で設計事務所を開いている吉岡誠《よしおかまこと》さんも、速読法をうまく自分のライフワークに組み込みながら、読むスピードアップよりも、集中力や眼機能のレベルアップによる副次的効用に、スーパー速読法の意義を見いだしているひとりです。

細かい設計図面を一目で把握

吉岡《よしおか》　誠《まこと》さん（建築設計技師）

会社にいつも八時半ごろに出て、朝の静かな時間を一五分、速読法の練習に当てています。丹田呼吸法と眼機能訓練をするのです。

それから約一分間、童話や子ども向けの本に目を通します。文字が大きいので、ちょうどいい練習材料です。

私がスーパー速読法を知ったのは協会ができた頃。でも、今読める速度は一分間にまだ一〇〇〇字です。ただこの数字は、私は問題にしていません。というのも、たとえば技術書などの専門書を読むのに、六〇％や七〇％の理解では困るからです。やはり一〇〇％を理解しようと思えば、どうしてもじっくり読まなければなりません。

もちろん、新聞や雑誌に目を通すときは、速読をかけて読みますが、普段、専門書を開くことの多い私には、読む速さに対する執着がないのです。

こう言うと、速読法をやっている意味がまるでないように聞こえますが、私は自分なりに納得するものがあればこそ、こうして今でも続けているわけです。そのひとつは、短い睡眠時間でも、朝の目覚めがよく、仕事の能率が上がることです。

私は自分で設計会社を持っているため、どうしても仕事に費やす時間が長くなり、いつも夜の十時頃まで会社にいます。いきおい睡眠時間が短くなり、だいたい五〜六時間が平均でしょうか。ですから目覚めも悪ければ、設計という細かい作業を必要とされる仕事ですから、目が疲れて仕方なかったのです。

それが今では、朝の目覚めが快適になり、目がショボショボするといったこともなくなりました。疲れ知らずになったのは目だけではありません。頭のほうも、少々酷使しても音《ね》をあげなくなりました。以前は仕事がたまってイライラしだすとちっともはかどらなかったものが、今では短期集中どころか長期集中も苦痛に感じません。

ナポレオンが一日三時間の睡眠時間で、あれだけの偉業を成し遂げたというのも、何となくわかるような気がする、と言えばおこがましいでしょうか。

また、仕事で実際に速読の効果を感じるのは、細かい図面をパパッと見ただけで正確に転記できるようになったことや、部下の図面のエラーがすぐにわかるようになったことです。広い図面の中で、ほんのちょっとした誤りを見つけるのはけっこう大変な仕事なのですが、そうした部下の図面のチェックに多くの時間をとられることもなくなりました。

それから、現場へ行ったときに、視野が広くなったことを感じます。魚眼レンズを通して見ているように、ぐるりと周囲が見渡せます。

最後に、これは速読法の余興《よきょう》ですが、絵で見るクイズに強くなったこともつけ加えておきましょう。よくやる暇つぶしのクイズに、マッチ棒を動かして絵柄を変える遊びがありますね。うちの事務所でもたまにやるんですが、これで若い者に負けることはありません。ほんの些細《ささい》なことですが、こんなことからもやはり速読法を続けていこうと思うのです。

胃カメラの検査に速読が役立った医師

愛知県立がんセンターの医師として、毎日大勢の患者を診察している戸田信正《とだのぶまさ》さんの目的は、仕事への応用でした。

「とにかく、たくさんの文献を読まなくちゃなりませんので、速読ができ、なおかつ理解力が深まれば、これほど仕事に役立つことはないですよ」

始めてまだ二ヵ月。診察や研究に忙殺される毎日なので、週に二回の訓練がやっと。まだ眼が慣れず、訓練中にしばしば痛みを感じることもあると言います。

ですから、当初の目的を達成するには、まだこれからの訓練成果を待たなければなりませんが、仕事の現場では、少しずつその効果が現われているようです。

「以前に比べて、胃カメラの検査時間が短くなったみたいです。これは片眼で患者さんを見ながら、もう一方の眼で胃の中の映像を見ていくわけですが、両方をさっと見られるようになったばかりか、症状に気づくのも早くなりましたね」

このような日常の生活や仕事の中で見られる速読法の副次的効果として現われる変化は、速読のスピードが六〇〇字から三〇〇〇字になったというようなデータで確認できるものではありませんから、それをキャッチしようという意志がなければ、気づかずに過ごしてしまうことだってあるでしょう。

でも、こうした効果を実感すれば、そこには大なり小なりある感激が生まれるはずです。

そしてこのことが、次のステップへの大切なエネルギーになります。

速読法を始めたら、ただ無頓着《むとんちゃく》に訓練を重ねていくのではなく、ときには自分の能力を見なおしてみましょう。もしかすると、新たな速読法の効果や利用の仕方を発見できるかもしれません。

(2) 健康で豊かな人生が拓《ひら》けた
——趣味の世界での能力アップほど嬉しいことはない

古稀《こき》を目前に、経営士として第二のスタートを切った

中山《なかやま》 昭《あきら》さん（陶器販売業・経営士）

六九歳で一万字、経営士試験にも合格

私が速読法に出会ったのは六、七カ月ほど前。書店で買い求めた本を読み終えるなり、「これだ！ 七〇歳からの私の人生はこれで開けるぞ」と、ある衝撃のようなものを体じゅうに感じたものです。〝一冊を一分〟というキャッチフレーズに、何の疑いも持ちませんでした。

ちょうどその頃、私は自分の会社の第一線を若い世代に明け渡し、次の新たなスタートに向けて経営士になるための半年間のセミナーを受けている最中でした。でも、

いくら経験と気力には自信があるといっても、やはり読みこなさなければならない本の量が多く、少々荷が重いという気もしていました。

そんなときに、私の目の前に『奇跡のスーパー速読法』が現われたわけです。渡りに舟とばかり、その本を手にしたのは言うまでもありません。そして速読法が、脳を活性化することに通じることを知り、これなら〝老人ボケ〟防止対策としても恰好《かっこう》の手段だと確信しました。

早速、機材を取り寄せ、福岡のサテライトで集中講座を受けました。訓練前のスピードは一分間に四七〇字。講座が終了したあとも、呼吸法や眼機能などの基本訓練は毎日欠かさず行ない、現在は一万字程度まで読めるようになりました。

そして去年の十二月、晴れて経営士の資格を取得できました。

頑固な肩凝《かたこ》りがすっかりなくなってバラ色の人生

実年と呼ばれる年齢になると、やはり健康は大きな課題です。肉体的な衰えを感じるようになると、人間どうしても心細くなるものです。ですから、私はテニスを健康維持のためにも続けているのですが、速読法を開始してから、ボールを的確にスイートスポットでとらえられるようになったのです。

たぶんこれは、眼機能の訓練によって、素早く視点の移動ができるようになったためだと思いますが、打ち返されてくるボールがひじょうによく見えるのです。こうなると狙いは正確です。おもしろいように打ち返すことができます。テニス仲間たちは、いったいいつのまに腕を磨いたのかと不思議がる始末。

またプレー中に、失敗や凡プレーはしたくないといったつまらない見栄や、負けたくないという意地がほとんどなくなったということも、上達の大きな要因だったように思います。いらぬ雑念は捨て去り、ボールを的確に打つということに精神を集中することができるようになったのです。これは速読法による右脳の訓練の副次的効果でしょう。

スポーツだけでなく、たとえば囲碁や将棋などにも、右脳の訓練が目ざましい威力を発揮します。感性を研ぎすまし、集中力を高めることで、先が読めてくるのです。

こうなるともう〝老人ボケ〟などどこ吹く風で、もっといろいろなことに挑戦してみようという意欲さえ湧《わ》いてくるのですから、毎日が楽しくて仕方ありません。

実際、私は自分の脳波をコントロールすることができるようになりました。丹田呼吸を行なうことで、落ち着きのない状態のβ波から、リラックスしているときのα波に、だいたい三秒から五秒くらいで移行することができるのです。おかげで仕事のうえでのイライラもなくなり、忙しいときでも精神的ゆとりを持てるようになりました。

また、さらに私を驚かせたのは、一週間に必ず二回はマッサージに通っていたほどの頑固な肩凝《かたこ》りが、今ではまったくウソのようになくなってしまったということです。このありがたみは、年をとった者でなければわからないでしょうが、それはもう思わず人生がバラ色に見えてくるほどです。

とにかく、このような正の方向のベクトルが短期間のうちにどんどん現われてくるのです。それをひとつひとつ実感しながら、私の速読に対する探究心はますますかきたてられていきます。次は一分間に一〇万字を目標に、新たな意欲に燃えています。

視力回復、胃腸障害、肩凝りなど、健康面の効果も絶大

中山さんは、六九歳という高齢を忘れさせてしまうほどの情熱の持ち主です。仕事に、スポーツにと実に幅広い興味を持ち、経験を積んできました。

そして今、速読法との出会いによって、また新たな可能性を見いだし、第二の人生を歩き始めたようです。

そんな中山さんにとって、やはり気になるのは健康でした。

この速読法が慢性だった肩凝りに効いたという事実は、何物にもかえがたい喜びだったに違いありません。

肩凝りだけではなく、胃腸障害やストレス、遠視、近視など、薬の効能書きではありませんが、速読法の訓練が健康面でも大きな効果をあげているという報告は数多く寄せられています。

コンピュータのプログラマーだった後藤洋子《ごとうようこ》さんは在職中、速読法の訓練を始めて、〇・七だった視力を一・二まで回復させました。

また銀行員の久保田京子《くぼたきようこ》さんは、ひどいときは一週間近くも続く頑固な便秘だったのですが、今では、飲んでいた下剤も必要なくなったと、思わぬ効果に大喜びです。これは、朝起きたときと、夜寝る前に励行《れいこう》した丹田呼吸の成果です。

次に紹介する野崎《のざき》さんや田上《たのうえ》さんも、「顔色がよくなった」、「胃痛が治った」と、自らの体験談を話してくれました。

イライラがなくなり、生徒に怒鳴ることも減った

野崎《のざき》　彰《あきら》さん（大鉄高等学校教師）

本格的に始めてからまだ一ヵ月経たないのですが、近頃、同僚たちから「顔色がよくなったな」と、よく言われます。

今までは期末試験だの、学内行事だのというときには、忙しさのためにストレスがたまり、気分がふさがることが多かったのですが、この速読法で丹田呼吸を始めたせいでしょうか、最近いつも気分が爽《さわ》やかで、前日の疲れを次の日に残さなくなったのです。体がまるで若返ったようで、フットワークも軽快になったような気さえします。

加えて、丹田呼吸法の効果は、眠いときにこれをすると頭が冴《さ》えてくることです。雲が晴れるように、サーッと頭の中がクリアになるのです。イライラもなくなり、生徒に怒鳴る回数も減って、彼らから予期せぬ評価をいただいているようです。

今はまだ、こうした作用が直接的な効果はあげてはいませんが、たとえば朝礼など

で生徒の数を数えるとき、「一、二、三……」と手で数えていたものが、目でまとめてパッと数えられるようになったのは、速読法の訓練のひとつの成果と言えるかもしれません。

スーパー速読を始めてから、野球の打率は六割

田上康二《たのうえこうじ》さん（会社員）

もともとは、うちの子どものゼロ才教育に興味を持ったことで、α波についていろいろと本を読むようになり、この速読法も、その延長線上にあるということで、やってみようという気になったのです。

それと、ちょうどその頃「中小企業診断士」の資格を取るための勉強を開始したときでしたので、ぜひこれに役立てようと意気込んだわけです。

その意欲が実って、始める前は一分間に五〇〇字だったのが、約三カ月で九倍の四五〇〇字までアップしました。それに加えて、理解力がついたこともたしかです。

こうなると、目指す国家試験の期日はまだ先のことだから焦ることはないと、いったん試験勉強を中止して、好きな野球を再開。

仲間と作った野球チームを率《ひき》いて早速、試合をしたのですが、なんとボールがよく見えるではありませんか。去年は打率が二割八分、ホームラン七本という成績だったんですが、速読法を始めて半年、今までの成績は、打率六割の首位打者です。

その秘訣は、バッターボックスに立ってから丹田呼吸をして精神集中をはかることです。

ところで、この丹田呼吸法のおかげなのか、最近ピタリと胃痛や下痢が止まったのは、自分でも驚くばかりです。昔から胃腸が弱くて、飲んだ翌日は必ず胃痛や下痢に悩まされていたのですが、それがウソのようになくなったんです。

いずれにしても、呼吸法が精神的なバランスを保ってくれることはたしかです。近頃、ものの言い方が柔らかくなって、あまり怒らなくなったと、女房も私の速読法の効果を認めているようです。

田上さんの例にも見られるように、速読法の威力は、スポーツや趣味の分野でも発揮されています。

テニスやゴルフ、野球、卓球などの球技にそれを認める人は多いようですが、スポーツ以外でも、たとえばギターやピアノの暗譜が速くなったり、「マージャンなら絶対沈まない」「テレビゲームならほとんどリプレイできる」と娯楽にまで速読法を応用している人もいるのです。

カーレースに血道を上げる小林朝文《こばやしともふみ》さん（1章69ページに登場）も苛酷なそのレース中に、速読法の効果を見たと話しています。

カーレースで役に立った眼機能の訓練

小林　朝文さん（プログラマー）

ライセンスは国際A級を持っています。レースは年に二〜三回、富士スピードウェイや鈴鹿《すずか》、筑波《つくば》のサーキットに、チームで出場します。

スタート前というのはもう緊張が極限まで高まって、皆、流れるほどの冷や汗をかくのです。私も以前は、レーシングウェアが濡《ぬ》れるほど汗をかいたものでしたが、前回のレースでは汗をかかなかったばかりか、妙に落ち着いているんです。それは、車に乗ってからずっと丹田呼吸をしていたからなんです。呼吸法によって自分の気持ちをコントロールする術《すべ》を、数カ月ほど前からスーパー速読法の訓練で心得ていたわけです。

レース中は、前の車との間隔を五〇センチから一メートルくらいで追いかけることもあるんですが、最近、その距離感をとても的確に摑《つか》めるようになったことに気づきました。

とにかく眼の機能が、驚くほどすぐれているんです。

コックピットの前を通過するときには必ずラップタイムや「P（ピットイン）」などの表示を見るんですが、車はこの前をだいたい二一〇キロくらいのスピードで走り抜けるわけですから、ボードを見るのも容易ではありません。ところがその文字を、視線を前に向けたままでしっかりと見届けることができるのです。それも大きくはっきりと。

これは高速道路でも同じことですが、ふつう車のスピードを上げていくと、視界は狭くなるものなのですが、逆にそれが拡がり、道路標識もはっきりと見えてくるといった、まるで人間の習性を覆《くつがえ》すようなことが起こるのです。

昔はよく事故を起こしていたものですが、今では無事故。それにタイムも少々縮めることができました。

他に趣味といえば、釣りとサッカーをやっています。

釣りはもっぱら磯釣り。まだ経験が浅く、なかなか思うポイントに投げられなかったのですが、ふだんの訓練を活かして集中すると、腕が勝手に動くようになりました。

サッカーは小学校からやっているので、人よりは足に自信はありますが、先日、社会人チームの試合でPK合戦をしたときに、私がキーパーになって六〇%をカットしたんです。

相手の足の動き、とくに軸足の向きを見て飛んでくる方向を予測するんですが、この一瞬の判断が、自分で言うのも何ですが、実に見事にできたのです。

これが集中力をつけた人間の潜在能力ではないかと、自分自身のすごさに身震《みぶる》いする思いです。

体験談の最後に、速読によってライフワーク実現への可能性を射程距離におさめ、仕事や勉学にマルチにその才能を発揮している藤井真知子《ふじいまちこ》さんをご紹介しましょう。なによりも彼女の「時間の観念」に対する意識の変革が、速読の有用性を私たちに示唆《しさ》してくれるようです。

「五分しかない」から「五分もある」へ、時間の観念が変化した

藤井真知子さん

もともと本は好きだったのですが、じっくり読もうとするので読むスピードがとても遅く、書棚に山積みになっていく本を眺めながら、日頃からなんとなくコンプレックスを感じていたのです。できればこの本の山を片づけたい――そんな単純な動機で始めた速読でした。やがて、これが私の仕事の要《かなめ》になっていくなんて、そのときは思いもよりませんでした。

私は、幼少の頃から憧《あこが》れていた夢を果たして、ある航空会社のスチュワーデスとし

て、世界の空を飛び回っていました。しかし、一生涯、仕事を続けていきたいと考えていた私にとって、体力に限界のあるスチュワーデスという仕事は、ライフワークにはなり得なかったのです。

スチュワーデスを辞めたあと、社員教育の仕事をしたり、カルチャーセンターのマナー講座を受け持ったりしましたが、縁あって会計事務所の仕事を手伝うようになったそのころ、速読に巡り会ったのです。

簿記の勉強を始めたときでしたから、速読がどれほど役に立ったかは言うまでもありません。勉強をしながら、会計事務所の仕事もマナー講座の講師も続けていましたから、スケジュールは常に一二〇%で、しかも頭の切り替えが必要でした。こうしたいくつもの仕事を同時にやってのける力を、私は速読からいただいたのです。

速読の効果は、とにかく長期記憶といくつもの仕事を同時に処理する並列処理にきわだっていると思うのですが、これはそのまま私の仕事に必要不可欠な要素でした。もし速読を身につけていなかったら、どれほどのストレスを抱え、どんなパニックに陥《おちい》ったかしれません。たぶん今後も私が仕事を続けていく以上、速読は切り離せない存在だと言っていいでしょう。

そしてひとつ、速読を知る前とあとで大きく変化したことがあります。それは時間の観念です。時間に追われる忙しさは、今も前も同じなのですが、たとえば時間が五分あったとき、以前は「たった五分しかない」と思ったものですが、今は「まだ五分もある」と思えるのです。五分あれば、かるく本を一冊は読めますし、新聞も端から端まで目を通せるわけです。これまで使えなくて捨てていた時間を、これほど有効に使えることに、あらためて速読の威力を実感しています。

スーパー速読があなたの夢を実現する

スーパー速読法によって体験した思いがけない現象の数々――ここに登場した誰もがきっと「こんなことができるなんて！」と初めは唖然《あぜん》としたことでしょう。

年齢、性別、学歴、職業、体力、特技……、マスターするための条件など、スーパー速読法にはありません。あえて必要条件を出すとすれば、〝やる気〟だけです。

その〝やる気〟だけを原動力に訓練を続けてきた人たちの得たものが、いかに大きかったか、いかに未知の可能性を含んでいるかということを、読者の皆さんはすでに感じられたはずです。

そのひとつの目的として、1章では「受験合格」にまつわる体験談を、この4章では仕事、スポーツ、健康、趣味などのあらゆる分野における副次的効果をお話ししてきました。

スーパー速読法に、ここまでという限界はありません。そこから生まれてくるものは、人それぞれであり、またあらゆる分野への拡がりを持っているからです。そして、その拡がりは、あなたの意志次第でひとつの方向性を持たせることもできるのです。

どんなふうに生きても、一人の人生です。それなら、あなたの夢を叶えてくれる可能性に賭けてみるのもひとつの手です。本書に登場した会員の方々を超える素晴らしい体験を、ぜひあなた自身の手で摑《つか》み取ってほしいものです。

本書の内容についてのご質問・お問い合わせ、

スーパー速読講座・講習会についての

最新情報などは、下記までお願いいたします。

日本速読協会

Free Dial : 0120-46-1100

フリーダイヤル：お気軽にお問い合わせください。

E-mail : info@super-sokudoku.com

http : //www. super-sokudoku.com

（この作品『「1冊を1分」のスーパー速読法』は、昭和六十一年六月、小社ノン・ブックから新書版で刊行された『「1冊を1分」の方法』を改題し、加筆・修正したものです）

一〇〇字書評

切り取り線

購買動機（新聞、雑誌名を記入するか、あるいは○をつけてください）

- □（　　　　　　　　　　　　）の広告を見て
- □（　　　　　　　　　　　　）の書評を見て
- □ 知人のすすめで
- □ タイトルに惹かれて
- □ カバーがよかったから
- □ 内容が面白そうだから
- □ 好きな作家だから
- □ 好きな分野の本だから

●最近、最も感銘を受けた作品名をお書きください

●あなたのお好きな作家名をお書きください

●その他、ご要望がありましたらお書きください

住所	〒				
氏名		職業		年齢	
新刊情報等のパソコンメール配信を 希望する・しない	Eメール	※携帯には配信できません			

あなたにお願い

この本の感想を、編集部までお寄せいただけたらありがたく存じます。今後の企画の参考にさせていただきます。Eメールでも結構です。

いただいた「一〇〇字書評」は、新聞・雑誌等に紹介させていただくことがあります。その場合はお礼として特製図書カードを差し上げます。

前ページの原稿用紙に書評をお書きの上、切り取り、左記までお送り下さい。宛先の住所は不要です。

なお、ご記入いただいたお名前、ご住所等は、書評紹介の事前了解、謝礼のお届けのためだけに利用し、そのほかの目的のために利用することはありません。またそのデータを六カ月を超えて保管することもありませんので、ご安心ください。

〒一〇一・八七〇一
祥伝社黄金文庫　書評係
☎〇三（三二六五）二〇八〇
ohgon@shodensha.co.jp

祥伝社黄金文庫

祥伝社黄金文庫　創刊のことば

「小さくとも輝く知性」――祥伝社黄金文庫はいつの時代にあっても、きらりと光る個性を主張していきます。

真に人間的な価値とは何か、を求めるノン・ブックシリーズの子どもとしてスタートした祥伝社文庫ノンフィクションは、創刊15年を機に、祥伝社黄金文庫として新たな出発をいたします。「豊かで深い知恵と勇気」「大いなる人生の楽しみ」を追求するのが新シリーズの目的です。小さい身なりでも堂々と前進していきます。

黄金文庫をご愛読いただき、ご意見ご希望を編集部までお寄せくださいますよう、お願いいたします。

平成12年(2000年)2月1日　　祥伝社黄金文庫　編集部

「1冊《さつ》を1分《ぷん》」のスーパー速読法《そくどくほう》

平成14年4月20日　初版第1刷発行
平成17年6月20日　　第2刷発行

編著者　日本速読協会《にほんそくどくきょうかい》

発行者　深澤健一

発行所　祥《しょう》伝《でん》社《しゃ》
東京都千代田区神田神保町3-6-5
九段尚学ビル　〒101-8701
☎03（3265）2081（販売部）
☎03（3265）2080（編集部）
☎03（3265）3622（業務部）

印刷所　萩原印刷

製本所　ナショナル製本

ISBN4-396-31293-8　C0136

祥伝社のホームページ・http://www.shodensha.co.jp/

祥伝社黄金文庫

石田 健　1日1分！　英字新聞

超人気メルマガが本になった！“生きた英語”はこれで完璧。最新英単語と文法が身につく。

石田 健　1日1分！　英字新聞 Vol. 2

「早く続編を！」のリクエストが殺到した『1日1分！英字新聞』第2弾！〈付録〉「英字新聞によく出る英単語」

石田 健　1日1分！　英字新聞 Vol. 3

最新ニュース満載。TOEIC、就職試験、受験によく効く「英語の特効薬」ができました！

中村澄子　1日1分レッスン！　TOEIC Test

「目からウロコ」「正解が見える」噂のメルマガ、待望の書籍化。最小にして最強の参考書！

和田秀樹　頭をよくする　ちょっとした「習慣術」

「ちょっとした習慣」で能力を伸ばせ！「良い習慣を身につけることが学習進歩の王道」と渡部昇一氏も激賞。

三浦敬三　100歳、元気の秘密

冒険家三浦雄一郎の父は、100歳・現役スキーヤー。いくつからでも始められる、“健康生活術”大公開！